協奏する組織
Basis for Consonant Organizations
: From a Perspective of Cognitional Subject Power

認識力ある主体の観点から

小森谷　浩志

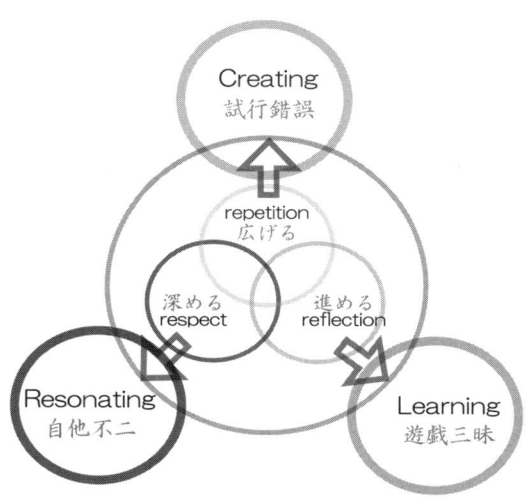

学文社

はしがき

　混迷を極め，次なる原理原則が求められる現代において残念ながら"魔法の丸薬"は存在しない。多くの人は拙速に単純な答を手に入れようとするが，お手軽な処方箋を求めるメンタリティこそが病理の根源であり，次なる混迷の誘い水になっていることが多い。そればかりか，結局は自分の展望を狭め，学習や発達を著しく阻害することになる。

　こうした時代には，まずは，一定の方向感覚をもって動いてみる，試してみることだろう。そして動いた後には振り返りを行ない，必要とあれば慣れ親しんだ考え方ややり方を手放し，新しいアイデアを取り入れ，今日を超越したよりよい未来を創造していくという飽くなき営みが重要となろう。手っ取り早い方程式や知識ではなく，行動とそれに伴う鋭く深い洞察や智慧が求められる。それは七転八倒の苦しみを伴うこともあり，混沌の中で立ち続ける胆力も求められる。

　現在と未来の組織における本質を解明したいというのが本研究の発端であり，目的である。本書は，神奈川大学大学院博士課程3年間での一応の成果である。その前には多摩大学大学院修士課程の2年間があり，20年以上の社会人経験がある。過ぎてしまえば，あっという間であったが，振り返るととてつもなく大きな変化があった。修士と博士課程を挟んで企業内でのコンサル会社設立に参画し，その後単独での起業をした。現在は，組織開発を専

門とするコンサルタントをしている。本研究は，組織に入り込み，一当事者として，組織の方々とともに難題に取り組む過程での発露である。本書は，そうした企業の方々との共同作品であるといえよう。

　本書は，6章で構成されている。

　「第1章　不透明時代の組織の本質を求めて」では，研究の目的，概念枠組，方法論を述べる。本研究の目的は，変化が激しく不透明で不確実な環境における組織の本質を解明することにある。また，本研究において，組織について現状を超越しつつ自らを生成していく，生命的な過程としてとらえていくことを示す。さらに，主体の独奏だけでは，調和は生まれることはない。関心の中核は，つながりから，どんな素晴らしいものが生まれるのかという，関係性への期待となる。主体同士の連鎖，関係性が鍵になることが強調される。

　「第2章　関係性の欠如がもたらす問題点」では，関係性欠如の根底にある考え方と，それがもたらす諸現象を明らかにする。関係性欠如の根底にある考え方として要素還元主義的機械論を取り上げる。特に部分と結果への偏重について述べた後，経済至上主義がもたらす弊害と近代化がもたらした孤立について検討を加える。また，諸現象として，専門家意識が生む閉鎖性，自己満足が生み出す安住性，表面上の合意による衰退性について事例とともに示す。

　「第3章　協奏と認識の概念化」では，主題の協奏，副題の認識について整理，概念化する。まず，組織についての検討である。組織概念の含意は広く，深い。しかし，先行研究（Barnard, 1938;

Allen, 1960; Weick, 1979; March & Simon, 1958) などの検討により，組織には，大きく四つの要素があることを整理する。次に，Barnard (1938) 及びその思考にも影響を与えた Whitehead (1981b), follett (1972) などの検討を経て，協働概念を整理，生命的躍動感が溢れる動的過程としての演奏概念などを経て，協奏概念を導出した。認識（cognition）については，大きくは，知ることとして共通する知識（knowledge）との違いを検討，Berkeley (1958), Aristoteles (1968) などを経て定義づける。その後 Polanyi (1966) に従い認識構造を検討，重要な特徴として変化が内包していることを示す。

「第4章 主体が織りなす協奏の世界」では，認識力ある主体の特性を分析，認識力の中核にある"内省"についてその詳細を深掘りしていく。さらに，その主体同士の関係性育成の鍵としてコミュニケーションのあり方が検討される。主体の特性としては3点，認識を広げるために重要な好奇心と謙虚さ，認識力を深めるために必要となる，自分軸と他人軸，認識力を動的に進展させるための鍵となる独奏と合奏について明らかにしていく。認識力の中核概念，内省については，その方法，対象，恩恵が検討され，実践的な示唆を導き出す。そこでは，さらに"協内省"の営みが提示される。

「第5章 協奏する組織過程」では，前章で検討した主体同士の動的なつながりの形成として，重要な三つの組織過程を検討する。三つとは，創造過程，共振過程，学習過程である。組織は，何かしらを産出し続ける存在である。組織を"創造過程"としてとらえることは自然である。また，組織は異なる主体の集合体で

あり，ある一定の合意や了解が必要となる。本研究では，これを"共振過程"として検討する。そして，組織を継続的な活動としてとらえたとき，昨日より今日，今日より明日とより良くなっていくことが求められる。"学習過程"としての組織の姿が浮かびあがる。つまり，組織の動的進展の根本的，本質的検討において重要な，創造，共振，学習の三つの過程について解き明かす。

「第6章 協奏する組織の生起」では，三つの組織過程の響き合いを示す。"協奏"という概念は，創造，共振，学習，三つの動的過程を織りなし，響き合う，生成活動そのものとなる。三つの過程は，組織をとらえるにあたり根源的，本質的であるとともに関連し合っているところにポイントがある。三つの過程を検討した結果，協働だけではとらえきれない，躍動感に満ちた，これからの組織本質，言い換えると組織の"ある"(being)姿と"なる"(becoming)姿の解明について，一歩前に進めることができた。本研究において通奏低音として，導かれ，貫かれ，展開されたのは，命の響き合いであり，命のあり方そのものであった。また，本研究で貫かれたのは，割り切りでもなく止揚でもない，矛盾をエネルギーに変える第三の道，"過程"である。ここでは，経営学的応用性の観点から実用的な方法についても示される。

本書は，博士論文という学術的なものであるが，現場での実践性を加味している。まずは，実務家の方々に読んでもらいたい。特に，組織において人材育成や活性化に取り組んでいる，関心をもっている人を念頭に置いている。目の前の部下の育成に苦労しているマネジャーや自分が所属する組織をより良くしていきたい

と志している人のお役に立てると嬉しい。

　併せて，コンサルタントや研究者も念頭に置いている。専門家の立場からお読みいただき，ご批判を頂戴したい。また，これから社会に出る学生の皆さんにも読んでいただきたい。やがて組織の担い手となるうえで，組織の本質論を掘り下げることは必ずや将来の支えとなると信ずるものである。それぞれ違う立場から読み解くことで，今後の組織のあり方や本質について共に探究することができれば幸甚である。学問は，何かしら世界の現状と行く末に貢献することが使命であるとすれば，本書もその小さな一端を担うものである。

　まずは，特にお世話になった方々に謝辞を述べさせて頂く。博士論文の主査をして頂いた神奈川大学国際研究所所長の海老澤栄一教授である。ホワイトヘッドやデュルケムなど難解な書籍を読み解く修行を通じて，筆者がもともと大事にしていた禅の思想を膨らませ，俯瞰してみる新しい視点を育てて下さった。実務家であり，研究とは何であるはわからない筆者に研究の「いろは」を懇切丁寧にご指導下さったのも海老澤先生である。副査は，静岡大学の舘岡康雄教授，神奈川大学経営学部学部長の後藤伸教授，同じく神奈川大学の行川一郎教授，ティオフィラス・アサモア教授であった。本研究の概念枠組として，時間・空間・人間の三つの間を用いた。振り返ると，経営史をご専門とされる後藤先生は時間軸，マーケティングをご専門とされる行川先生，アサモア先生は空間軸，そして「支援学」を提唱される舘岡先生は人間軸か

らご指導頂いたように思う。修士課程では，原田保先生，田坂広志先生，中谷巌先生，歌川令三先生，そして禅については藤田一照和尚から頂いた教えや示唆は計り知れない。見える世界が変わったといっても決して大袈裟ではない。

また，実務で悪戦苦闘，試行錯誤する多くの方々の中では，お許しを頂いたごく限られた方のお名前を記させて頂く。日本たばこ産業IT部の鹿嶋さん，キヤノンR＆D部の新垣さん，富士通ソーシアルサイエンスラボラトリ人事部の白濱さん，薬樹代表取締役の小森さん，ジェイフィールの高橋克徳さん，同じく重光直之さん，山中健司さん，f&kプラクティスの片岡裕司さん。ご縁に只々，感謝するしかない。有難うございました。

2012年7月

著　者

目　次

第1章　不透明時代の組織の本質を求めて ……………………… 1
第2章　関係性の欠如がもたらす問題点 ………………………… 21
　第1節　関係性欠如の根底にある考え方 …………………………… 21
　　第1項　要素還元主義的機械論と二つの偏重 …………………… 21
　　第2項　経済至上主義がもたらす弊害 …………………………… 26
　　第3項　近代化のもたらした孤立 ………………………………… 30
　第2節　関係性欠如が生む諸現象 …………………………………… 34
　　第1項　専門家意識が生む閉鎖性 ………………………………… 34
　　第2項　自己満足が生み出す安住性 ……………………………… 36
　　第3項　表面上の合意による衰退性 ……………………………… 40
第3章　協奏と認識の概念化 ……………………………………… 47
　第1節　協奏する組織の定義 ………………………………………… 47
　　第1項　組織概念 …………………………………………………… 47
　　第2項　協働概念の整理 …………………………………………… 58
　　第3項　協奏概念の定義づけ ……………………………………… 60
　第2節　本研究で考える認識のとらえ方 …………………………… 63
　　第1項　認識の定義 ………………………………………………… 63
　　第2項　認識の構造 ………………………………………………… 66
　　第3項　認識の変化 ………………………………………………… 68
　第3節　認識力の進展 ………………………………………………… 71
　　第1項　独自から 連結―連結 から独自 …………………………… 72

第2項　行動から 内省—内省 から行動へ ……………………… 74
　　第3項　意識から 無意識—無意識 から意識へ ……………………… 80

第4章　主体が織りなす協奏の世界 …………………………………… 87
　第1節　主体の特性分析 ……………………………………………… 87
　　第1項　好奇心と謙虚さ ……………………………………………… 87
　　第2項　自分軸と他人軸 ……………………………………………… 90
　　第3項　独奏と合奏 …………………………………………………… 94
　第2節　主体の認識力 ………………………………………………… 101
　　第1項　内省の方法 …………………………………………………… 101
　　第2項　内省の対象 …………………………………………………… 106
　　第3項　内省の恩恵 …………………………………………………… 108
　第3節　主体同士による関係性育成 ………………………………… 111
　　第1項　コミュニケーション研究における二つのアプローチ …… 112
　　第2項　対話と会話という立ち位置 ………………………………… 116
　　第3項　関係性育成における要点 …………………………………… 119

第5章　関係性を意識した組織の協奏過程 …………………………… 137
　第1節　創造過程 ……………………………………………………… 137
　　第1項　創造の本質 …………………………………………………… 138
　　第2項　試行錯誤からの創造 ………………………………………… 142
　　第3項　試行錯誤型創造の組織的意味 ……………………………… 152
　第2節　共振過程 ……………………………………………………… 155
　　第1項　即興における心得 …………………………………………… 156
　　第2項　関係性の理解から生まれるリズム ………………………… 160
　　第3項　全体性への思慮が促す自己組織化 ………………………… 165

第3節　学習過程 …………………………………………… 176
　　第1項　組織が学習する意義 ……………………………… 176
　　第2項　没頭から始まる変態 ……………………………… 178
　　第3項　学習する組織のダイナミズム …………………… 186
第6章　協奏する組織の生起 ………………………………… **196**
　響き合う三つの動的過程 …………………………………… 197

フィールドサーベイ＆アドバイス企業 ……………………… 211
参考文献 ………………………………………………………… 217
索　引 …………………………………………………………… 232

図表目次

図3 - 1　手段と目的の進展過程 …………………………………… 49
図3 - 2　集団発展のモデル ………………………………………… 50
図3 - 3　認識と知識, 智慧の関係 ………………………………… 64
図3 - 4　内省の概念図 ……………………………………………… 80
図3 - 5　認識進展モデル「意識から 無意識―無意識 から意識へ」…… 83

図4 - 1　包摂と超越の連鎖 ………………………………………… 100
図4 - 2　二つの内省の相互作用 …………………………………… 111
図4 - 3　Shannon と Weaver のモデル …………………………… 114
図4 - 4　Schramm のモデル ……………………………………… 114
表4 - 1　先入見に対する対応と結果 ……………………………… 126
図4 - 5　フィードバックサイクル ………………………………… 134

図5 - 1　経営理念策定, 浸透プロジェクト過程 ………………… 171
図5 - 2　フロー(Flow)状態の初期モデル ………………………… 185

図6 - 1　"協奏"する組織の動的過程概念図 …………………… 202
図6 - 2　"協奏"する組織の矛盾包摂 …………………………… 203

凡　例

1．文中ではカッコについて『　』,「　」,"　"の3種類をそれぞれ次のように使い分けている。
　『　』は文献および雑誌の名称
　「　」は和雑誌論文名および直接引用している語句と文章
　"　"は欧雑読論文名および著者が強調したい語句と文章

　なお，長い引用，インタビュー内容に関しては，行を独立して表記している。その場合上下，1行空けて表記し，フォントサイズを落とした。

2．引用に関しては，原文を尊重しつつ論文全体として表記の統一を図った。

3．引用方法は，本文中に，著者名の後に，出版年とページ数を表記した。

4．「項」区分の中に，「目」区分をする場合，(1),(2)のように両カッコ表示とした。

5．巻末に参考文献を付した。

不透明時代の組織の本質を求めて

1. 研究の関心と目的

　本研究の目的は，変化が激しく不透明で不確実な時代における組織の本質を解明することにある。そうした状況下において組織は，変化に適応するだけでは済まされまい。変化の流れを的確に感じ取り，環境の制約を受けながらも，環境に働きかけ，自らを創り続けることが求められよう。静的，固定的な安定感ではなく，事後的に目的を創造しながらこの瞬間に没頭し，次の流れに存在を投入していく即興演奏のような"生命的躍動感"が重要となろう。こうした組織の"生命的躍動感"について，その有用性は実感しているものの，見えづらく捉えどころがないため，これまでの経営学において十分には議論が進んでいないように思われる。

　本研究では"生命的躍動感"を充分に含意するために，従来からある受動的，消極的協働だけでは組織の実相をとらえきれないと考えた。そこで，組織のダイナミズムを検討するために能動的，積極的"協奏"という新しい概念を導入することとする。さらにそのダイナミズムのより根源の解明にあたり，"有機体の哲学"や"禅の思想"の見地を援用する。両者は，進行する不断の流動のなかで，世界を次々と生起する出来事ととらえる点が通底している。

　また，"協奏"する組織における個人は，組織の単なる部品や資源ではない。厳しい環境下であっても，関係性を結びながら相互

作用を繰り返し[1]，経験を振り返り未来に向けた学習を紡ぎ出す，力強く行動する主体的な存在そのものが人間なのである。本研究では主体的な存在としての個人の認識力に注目する。なぜなら認識力を高めることにより，同じ環境であっても見える景観が変わり，判断や行動の可能性を広げることができるからである。主体的な存在としての個人の変化が組織の変化を促すと考える。

現状に目をやると，世界的には，2007年のサブプライムローン問題に端を発した金融経済の混乱はいまだにその爪あとを色濃く残しており，激しい紛争，テロ，大量破壊兵器の脅威もある。一方，貧困や飢餓の問題も深刻さを増し，伝染病の蔓延，気候変動，環境破壊などかつてない深刻な事態が折り重なって降りかかっている。

日本ではここ数年，ワークライフバランスなど働き方や生き方についての議論が活発な一方，中堅社員の弱体化やフリーターの増加，ワークモチベーションの相対的低下，メンタルヘルスの深刻化など問題は山積みである。

更に，2011年3月11日，日本は史上まれにみる震災に見舞われた。この震災で，当たり前と思っていたことが，当たり前でなくなるという現象を目の当たりにした。食料品やガソリンなどの燃料，そして電気，ガス，水道というインフラ，安全に住む場所，職場，街そのもの，さらには仲間や家族。あることが当然と思い込み，感謝することすら忘れていた多くのことが，一瞬にして消滅し，危機に瀕することとなった。考え方や生き方，働き方を，根本から見直すことを否応なく迫られた人々も多い。

加えて超高齢化社会，顧客や働く人々の多様化など，社会の

様々な側面で、急速でしかも質の異なる大きな変化はうねりとなって押し寄せて来ている。価値観や拠って立つ根本的考え方そのものを、大きく転換する時期といえそうである[2]。

　伝統的組織の原理は、経済性が中心であったと言われている。定量的、客観的に判断可能な、財務指標の中に見出された。"目に見えるもの"であり、具体的には、売上げ、利益、成長率や生産性、マーケットシェアなどがその代表である。そこでは還元主義的な合理性が追求され、豊かさの表現対象を貨幣や物に置いていたといえよう。これは多くの白書において、先進国の条件を国民所得や国民総生産で判断していることからもうかがえる。こうして多くの組織が、経済性の追求に邁進したのには理由がある。経済性の追求は、組織を発展させ、個人も恩恵を被ることができた。これまでは少なからず、社会の発展にも貢献したといえよう。

　しかし、周知の事実の通り、地球資源は無限ではない。大量生産、大量販売、大量破棄に裏づけられた、成長至上主義がいつまでも許されるはずはない。経済性一辺倒の組織行動が与えた、地球に対するダメージを看過するわけにはいくまい。つまり、非循環的で、経済性中心の組織原理を続けるわけにはいかない。「自己の影響でその環境を退化させる自然物は、自滅してしまう(Whitehead, 1981b, 152)」のは自明の理である。われわれは、これからの組織はいかにあるべきか、根源的な問いかけを突きつけられているといえよう[3]。

　そのような中、"目に見えないもの"にも目を向ける、認識力の向上が求められているように思う[4]。「世界はわれわれの見ているものではあるが、しかし同時に、われわれは世界の見方を学ば

なければならない(Merleau-Ponty, 1989, 12)」ということだ。現在「見ているもの」に止まることなく、開放系になり、自分と異質のものを取り入れ、次なる自分や自分たちを創り続けることが、生きていることの醍醐味であろう。それは未だ見ぬ世界に視点を向け、視野を広げることとなる。学習を続け、変態を遂げる、有機的生成過程としての組織が求められる。

Barnard(1938)は、ひとりでは動かすことのできない大きな石を動かす比喩を起点に、協働体系論を打ち立てた。併せて、異なった空間で同時進行的な仕事、時間的な速さ、継続が求められる仕事における協働の必要性についても指摘している。また、「社会的過程において経済的要因は一側面に過ぎないこと」とし、アダム・スミスとその後継者を「経済的関心のみを過度に強調した」と批判の対象にしている。

こうしたバーナード理論は、それまでの伝統的組織論を越えた理論と言えよう。三戸(2002, 158)の指摘通り「それ以降の経営学・社会学の諸学者の多くが彼に追随し、彼によって管理論は新しい次元に立って今日に至っている」といえよう。

本研究では、協働概念を踏まえながら、変化が加速化し、不確実な現代に生きる組織の原理を検討するにあたり、"協奏"という主題でとらえることに意味があると考えた。ドイツの生理学者Weizsacker(1975, 281)は、生命活動について「個々の行為は諸機能の恒常性にではなくその変動に基づいて成り立っている。簡単に言うと一切の行為は即興である」という。組織を常に変化し揺れ動く、即興的な音楽や演劇のような、一期一会の一回性が連なる芸術ととらえることも可能であろう。

かく言う Barnard(1938, まえがき x x x iv)は，今なお組織論に大きな影響を与える古典ともいえる『経営者の役割』の序文で次のように発露している。

> 私がもっとも遺憾に思うのは，組織のセンスを読者に十分伝えることができなかったことである。それはとうてい言葉で説明できないような劇的(dramatic)，審美的(aesthetic)な感情(feeling)であって，主に自ら興味をもって習慣的に試みる経験から生まれるものである。

確かに，組織という複雑な営みを言葉で厳密に表現しきることは不可能であろうし，合理性だけでとらえきれるものではなかろう。また，「自ら興味をもって習慣的に試みる経験から生まれる」という言葉も重い。知識を頭で理解するだけでなく，経験による身体性を伴った体得こそが真理であることが示唆される[5]。

さらに Barnard(1938)は続けて「人々は音を聞き分けられないために，交響曲の構造や作曲技法や演奏技術をつかめないでいる」と言う。組織が奏でる音を聞き分けるには，本研究の文脈でいえば，認識力を高める必要があろう。合理や知識など静的な側面ではとらえ切れない，組織における動的な過程をいかばかりでも明らかにしたいと考えている。

そこでは，経済性の原理一辺倒の場合は必要がない，生きものが長期に，しかもよりよく生きる可能性を広げる有効なキーワードが立ちあがってくる。感情，身体性に加え，混沌性，独自性などが候補となろう。合理性，論理性，安定性，均一性を第一義とした組織とは，一線を画す組織像が浮かび上がる。即興はでたらめではない。智慧[6]や思いを持った人たちが，ある意味，相手に

委ね，場に身を任せる。出るに任せる，極めて高度な，いわゆる"でまかせ"とでもいえそうである。

　また，この転換期にあたり，組織のこれからのあるべき姿の本質論に迫るとき，個人を出発点としたいと考えている。なぜなら，たとえ小さいと思える一歩[7]でも，思いを持った個人が変わることからよい組織へ道が開けるからである[8]。

　数百人単位のプロジェクトを20年余り運営してきたマネジャーは次のように語る。

　　大きなプロジェクトは，一人がどれだけ頑張っても，動かない。でも，とっかかりは，いつも一人。誰か一人が始めることで，動きがでてくるんです。

　よい組織になろうとしたとき，主語が組織や会社，社会である場合，つまり「組織が悪い，会社が悪い，社会状況が厳しい」と言っている間は，組織は変わらない。悪いこと，厳しいことは事実かもしれない。しかし，その事実を踏まえながらも，主語が「自分や，自分たち」にシフトしたとき，つまり"他人事"から"自分事"に認識が転換したときに初めてものごとが進みだす。よい組織への道は，よい個人になるための営みを経ることなしにはありえない。全体システムの単なる部分ではなく，主体性ある個人の存在が起点となる。行為の担い手としての主体(subject)である。subjectは語源をたどると，ギリシア語のhypokeimenon，ラテン語のsubjectumに由来し，下に置かれたもの，根底にある，基体の意となる。個体制，実践性，身体性を強調するために主体という訳語が採用された。主体とは，認識の担い手として意志をもっ

て行動し、他者と関わり、環境に影響を及ぼしていくものである。湯浅(1990, 36)は個人について、自身の意志によることなく存在そのものを与えられるとしたうえで、「成長することによって、はじめて人間主体となる」と指摘する。分けられない存在として生まれてきた個人(individual)は、さまざまな経験や努力の中で、主体へと成長を遂げるといえよう[9]。これ以上分けられないという意味の個人よりも本研究の主旨に合うと考え、組織活動を担い、組織を構成する個人に焦点をあて、"主体"という用語を採用して論をすすめることとする。

主体について有機体の哲学の雄 Whitehead(1978, 26)は、存在するものを「経験しつつある主体であると同時にその経験の自己超越体(subject-superject)」ととらえ、主体は「『自己超越的主体』の短縮形として解釈されるべき」とする。西田(1966, 314)が指摘するように「われわれの生命は、主体が環境を、環境が主体を、主体と環境との相互限定にある」といえよう。個体として閉鎖するのではなく、環境のなかで自らを開放し、自己を超え、次なる主体になっていく動的な実相がうかがえる。

同じように Weizsacker(1975, 277)は「主体が転機において消滅の危機に瀕したときにこそ、われわれははじめて真に主体に気づく」としたうえで、「主体とは確実な所有物ではなく、それを所有するためにはそれを絶えず獲得しつづけなくてはならない」と指摘する。主体とは、現状を超越しつつ自らを生成していく、生命的、動的な存在といえる。

さらに、本研究においては、主体同士の関係性が鍵になる。筆者の関心の中核は、つながりから、どんな素晴らしいものが生ま

れるのかという，格別の響き合いの創出への期待である。

2．研究の概念枠組み

　こうした協奏を主題とした，組織論の展開にあたり，概念枠組みも生命的な要素が必要となる。主体と組織を変化が常態化した，関係性によって成り立つ，有機的，生命的にとらえる世界観が必要といえる。よって，概念枠組みの検討において，まず生命について考えてみる必要があろう。生命，生きものとは"息するもの"との言葉がある。入ることと出ることの繰り返される統合である。われわれの体は，古い細胞が死んでいく一方で新しい細胞が生まれることで成り立っている。生成と崩壊，相反する要素の統合にこそ生命の特性があるということができる。チリの生物学者 Maturana & Varela(1980)は，こうした生きているシステムの特性としてオートポイエーシス(autopoiesis)という概念を提示する。自己創出と訳され，機械にみられる，他者生成(allopoietic)と対比される概念である。自己創出では，生物を構成する細胞は，更新するにあたり，複雑度を上げる同化作用と異化作用を連動させるシステムを形成するとする。

　関連性が深いこととして，イギリスの発生生物学者 Waddington(1960)は，後成的過程(epigenetic process)概念を示す。山の傾斜を下りながら分岐していくことで，事後的に形作られていく，「後成的景観(epigenetic landscape)」に生命の本質を見る。プロセス中心のホワイトヘッドの思想を受け継ぐ世界観として解釈することができる。

　また，Bertalanffy(1973, 36)は，「生きた生物体はどれでも本質

的に開放システムである。生物体は成分の流入と流出，生成と分解の中で自己を維持しており，生きているかぎり決して化学的，熱力学的平衡の状態にはなく，それとは違ういわゆる定常状態にある。これこそ代謝と呼ばれるあの生命の根本現象，すなわち生きている細胞内での化学過程の本質である」と指摘する。

併せて，今西(2002)は「昨日の私は今日の私であり，今日の私が明日の私であることは，真である。しかし仔細に見れば，……十年前の私は今の私ではない。われわれは自己同一性を維持しながら変わってきたのである」と言う。絶え間ない変化の中に"ある"そして，"なる"のが生命の動的過程そのものである。生き物は，自己を超えることで，実存できる存在(Heidegger, 1994, 49)だと言えよう。

つまり，自己を再生産しつつ，自らの同一性を維持し続ける，変化する過程そのものが，有機体，生命体としての本質である。なること(becoming)に生命プロセスの特徴があり，なることにより，あること(being)も含まれるといえよう(Prigogine, 1984, 49)。

さらに，こうした異質性と同質性を交互に取り込む主体は，組織という"空間"で，行為や思考を繰り返す。そして，一定の"時間"を過ごす。その空間における時間の中で，主体と主体の間には関係が育まれる。いわゆる"人間"[10]である。本研究では人間の元々の意味としての，世の中，世間という，関係性のことも含め人間(じんかん)と呼ぶこととする。空間，時間，人間，三つの軸の枠組みを用いて，組織の姿を検討していくこととしたい。

"間"に関する日本語は多い。それだけ日本は，間を大切にしてきた国民といえよう。間を詰める，間をはかる，といったとき，

"すきま"としての空間が意味づけられる。間もなく，束の間などの"いとま"は，時間を意味する。間をうかがう，間をうめる，間を置く，間が良い，悪い，間抜け，間延びなどは，人間(じんかん)と関連性が深い。間合いをうかがうといった場合，音楽であれば，相手に合わせた全体的な調和の兆しともとれる。武道であれば，真剣勝負の殺気が満ちることもあろう。間にはもともと生命的，動的な躍動感が宿る。

　それでは，生命有機体の世界観における，三つの"間"の枠組みはどのようになるのであろうか。それぞれ見ることとする。"空間"では，開放と閉鎖が考えられる。イノベーションの関連から，開放系であることの是が論じられるが，閉鎖も必要である。アクセルとブレーキ両方があって自動車が機能するように，閉鎖と開放両方あることで機能するのが，バックルである。ベルトや靴の留金具としてのバックルは閉鎖のために開放があり，開放のために閉鎖がある。相反する両者の連結行為が統合された，まったく異次元の新しい機能を創出する。どちらか片方では機能しない循環回路としてとらえることで，新しい道が開けてこよう(Morin, 1991, 22-29)。また，異質，同質も考えられる。どちらか一方に固定されるのではなく，揺れ動く過程としてとらえることが可能である。

　"時間"では，事前的に決定していることばかりではなく，事後的に生成され，出現してくることも見落とせない。つまり，あいまい性，創発，そしてセレンディピティやティッピングポイント等が鍵になる。目的を事前決定的で不変なものとばかりせず，交換，刺激，学習などを取り入れる余地，余裕を残しておくことが

必要であろう。事後的,後験的な目的も考えられる。混沌からの創造などが期待される。過去を大切にしながら,囚われることなく,新たな未来を創出する姿となる。経験に先立つ(a priori),経験的(a posteriori)の双方が考えられる。こうした過程の推移(Whitehead, 1980)が時間となる。また,連続,断片も考えられる。共時態(synchronie)と通時態(diachronie)もある(Saussure, 1940, 115)。例えば,100人で行う縄跳び,神輿を担ぐには,共時態となる必要があるし,駅伝などのリレーでは通時態となる必要がある。力を合わせ一緒にやる,協働する形態が時間軸の過程で違ってくるということである。

　"人間(じんかん)"と言う意味では,特定の組織に所属する,しないにかかわらず,自分勝手を通してばかりいるわけにはいかない。独自のアイデンティティに加え,相手のこと,全体のことについても思いをもって関係性を築いていく必要がある。その関係性は,深い,浅い,の程度を行き来する。柔軟,硬直または,異質,同質の関係も考えられる。同質の関係は,似たものの集合となり,量的力になる。異質の関係は,相互補完になる可能性もあるが,調整や管理の難易度は上がる。異質,同質どちらにも,メリット,デメリットがあることがわかる。

　ここまで空間,時間,人間(じんかん)を個別にみてきた。認識主体の人間(じんかん)を中心として,"協奏"を考えるうえで欠かすことのできない,時間と空間が連動する。関連して,Whitehead(1980, 132)は,時間について「時間を離れるならば,目的,希望,恐怖,エネルギーというものに意味はなくなってしまう。もし歴史的過程といったものがなければ,万物はあるがままの状態,つまり,たんなる事

実にすぎないものとなる」とし，生命や運動は失われてしまうとする。

また，空間について「空間から離れるならば，完結といったことは存在しない。空間は到達への途中駅なのである」とする。さらに，時間と空間について「時間と空間は推移の本質と成就を含むような宇宙を表している」とする。そして，人間(じんかん)の認識いかんによって，空間，時間のとらえかたは変わってくる。その意味から人間(じんかん)が三つの軸の核となる。それぞれの軸は，独立していながら，ときとして重なり，関連し合い，影響を与え合い，全体として働く動的，有機的な過程として協奏する組織に貢献しているととらえることが可能であろう。以上，概念枠組みについて検討した。

3．研究の方法論

引き続き方法論に論を進める。「不透明性，不確実性の高い環境下での組織のあり方いかに」という問いは，現場を生き，現場で日々悪戦苦闘するなかで生まれてきたものである。現場の切羽詰った問題を何とかしたいという切願が出発点である。現場に身を置き，実務者として現状打開に取り組みつつも，一歩後ろに下がって考える(Mintzberg, 2004, 402)，研究の知見の積み重ねから現場を見る視点(鯨岡，2005, 13)が大切であると考える。密着しないと，研究対象となる現象を深く掘り下げることができない。しかし，密着し過ぎると，周りや全体の流れが見えなくなる。"密着"しそして"距離"を置く，両方の視点を持って進むこととする。理論は実践を助け，実践は理論を助ける，相互扶助の関係にあると

考える。具体的には，日々実務家として企業支援を行っている立場を生かし，アクションリサーチ[11]を主に研究を進める。研究の対象である組織に入り込み，状況に直接的，積極的に関与し，ときには変化を起こし，変化をつぶさに観察，分析し理論の構築を試みたい。

　方法論には，メカニズムを探索(discovering a mechanism)することと，文脈を拡張すること(more about contexts)双方が重要である(Ackroyd, 2010)。それには集中(intensive)も拡散(extensive)も必要となる。集中と拡散の相互作用である。帰納と演繹，具体と抽象，部分と全体，自己と他者，自律と他律，否定と肯定，短期と長期なども含むであろう。そのことで，今までは見えないものがほのかに見えてくることとなる。理論の質が上がるのである[12]。

　経営の現場は矛盾に満ちている。伝統か変革か，一様性か多様性か，目の前の業績か長期のビジョンか，業務の遂行か人育てか，利益か社会貢献か，株主か社員か，時間かコストかなど，日々矛盾との葛藤の中で生きているというのが実感である。しかし，時間を越えて一方だけを追求するのは問題がある。複雑なことほど一つの原理で明らかにすることは不可能だからである。一見行き詰った現状は，認識のあり方を変えることによって，違う見え方をしてくることもある。ある人にとっての革新は，違う人にとっては伝統と見えることもあり，またある人にとっての多様性は，違う人にとっての一様性であることもある。主体の認識は異なることが自然であるし，同一主体であっても時間の経過や置かれた立場によって異なる場合もある。異質性は敵性を意味していない(鈴木，1972, 61)といえる。

矛盾を排除したり，どちらか一方に還元したりすることは，問題の解決策として優れているようにも考えられる。しかし，長期的には無理が生じることが多く機能しないばかりか，新しいものの創出の疎外要因にもなる。現時点では異常値であり，異質，矛盾があるからこそ，過去の踏襲だけではない，将来に向けた，新しい創出が可能になる。

　同質性にあえて異質性を加え，安定状態から不安定状態をつくることが必要なこともあるだろうし，不安定を安定へと秩序づけることが重要となる局面もあるだろう。こうしてみると対立概念は，次なるステージに向かう種であり，矛盾の度合いが大きいほど，その分の実りや恩恵も大きいことも想定されよう。これは，右足と左足を交互に出して歩くことにも似ている。止まっているという静的なバランスをあえて崩すことによって，動的な次なる次元のバランスを生み出すのである。下位の不均衡は上位の均衡を生み出す基になり，上位の均衡はまた次なる不均衡へと続いていく動態性を特徴とする過程が見えてくる。時と場合，つまり時間と空間によって，主体が認識を変化させることが，経営の本質的課題といえそうである。「活力ある経営とは『複雑さを超越するシンプルさ』を求めることだ」とはデプリー(2009, 48)の言葉である。ラインホルト・ニーバー神父の言うように「変えてはならないものを受け入れる冷静さと，変えるべきものを変えていく勇気と，これらふたつを見分ける叡智」が必要とされているといえそうだ。揶揄する言葉ともとられる"君子豹変"というのも凡人には見えないが，見えている人が大局的視点から，両方のバランスの舵を取り，第三の道を模索しているといえよう。

これは，仏教思想でいうところの"中道"である。中道について水野(1971, 49)は，「中道は中庸とか平均値とかいうものではなく，極端として批判されているものとは質的転換がなされるのが本来のあり方である」といい，末木(2006, 42)は「有と空を統合するもの」という。単に中をとるのではない，対立を超越し第三の道の発見，質的転換に中道の本質があるのは注目すべき要点である。その際，一方に執着しない，自由であることが肝要となろう。同じように根源的なものに至る途としての「即非の論理」(鈴木, 1972, 123)と通じる考え方であり，西田(1965, 148)は「絶対矛盾的自己同一」と表現し，「ものが働くということは，ものが自己自身を否定することでなければならない」と指摘する。小坂(2002, 223)は，この「絶対矛盾的自己同一」の概念について次のように指摘する。

> 相互に矛盾するもの，対立するものが，より高い段階で綜合され統一されて，自己同一性を保持しているというのではなく，その矛盾が矛盾のままで，またその対立が対立のままで，しかも全体として自己同一を保っているということである。

一即多，多即一とは，一が一でありながら同時に多であり，多が多でありながら同時に一であるという意味である。一が多であり，多が一であるとは，常識的に判断すれば，明らかな矛盾である[13]。しかし，現実の世界は，矛盾をはらみながら，同時に同一性を保持している，というのが西田の「絶対矛盾的自己同一」の示唆するところであろう。矛盾が矛盾のまま自己同一であるのである。これは，矛盾を統一する，ヘーゲルやマルクスの弁証法観とは明らかに異なる。「絶対矛盾的自己同一」には，真の矛盾とは克

服されないという"あきらめ"ともいうべき潔さがある。まさに主体のもつ認識力の大きさが，矛盾超越の水準を自己決定するのかもしれない[14]。

また，Whitehead(1981b, 97)は「達成されたものはそのことによって後に取り残されるが，また同時に，相次いで現れるもろもろの抱握態に自らの諸相を宿すものとして保持される」と言う。続けて「自然はもろもろの進化する過程の組織である」とし，「実存とは過程なのである(The reality is the process)」と世界存在すべてに，"過程"(process)としての動態的，生命的に進展する性質を認める。全ての存在を刻々と変化する関係性として捉え連続的な運動や関係に着目する。ここでは宇宙を構成する究極的事物は「現実的存在(actual entity)」または「現実的生起(actual occasion)」とされる。ヘラクレイトスの「万物は流転する」，鴨長明の「いく川の水は絶えずしてしかも元の水にあらず」(市古，1989, 9)の言葉が示すように，只今なされている経験そのものは，唯一無二であり，生生流転する運動態である。「現実的存在(actual entity)」とは，そうした運動態としての「複合的で相互依存的な経験の一雫」(Whitehead，1978, 29)のことである。新たな経験を加え続ける連続体としての主体と組織の姿が浮かび上がってくる。

同じようにアメリカの思想家Wilber(2000, 11)は「それぞれの波はそれに先行するものを乗り越え，超越していくが，それ自身の構成の中に含んでいる，あるいは包んでいるのだ」として，端的に「超えて含む(transcend and include)」と表現する。例えば，細胞は分子を超えながら含み，分子は原子を超えながら含む。敵対し，排除するのではなく，否定しつつも，まるで慈しむように包み込

む，つまり包摂するのである。幼虫から蛹，蛹から蝶になる変態が，正にこのことを示す。蛹を超えることで，蝶になる。同時に，蛹という過程を経ることなしでは，蝶になることはできない。生きるとは，今この瞬間の営みを積み重ねることである。今日よりも明日，明日より明後日と己を超えていく過程が，生命としての人間の進展につながる。

　"過程"概念は，他との関係を相互に包み込みながら自己を超越することが含意される。言い換えれば，有機的な関係性と，常態化した変化で表すことが可能である。このことは過程を包摂と超越という二つを取り込んだ概念へと導くことになる。そして，それは有機的，生命的世界観をもつことになる(Keen, 1997; Dawson, 2003)。こうした超越と包摂を併せもつ概念としての，異質性を取り込む"過程"概念を本書の方法論として論を展開していくこととする。協奏する組織論は，「物質の代わりに有機体を立てる別個の科学哲学(Whitehead, 1981b, 259)」としての過程哲学に立脚した方法論を内包することになる。また，Archer(1995, 18)は「社会理論家の目的は二つある。ひとつは，一般的な用語での概念化である。もうひとつは実践的であることである」とする。「社会の錯綜する事実のなんらかの特殊な側面に悩まされている人々に」役立つことが必要であろう。本研究では「経営学も含めてあらゆる学問は，まず地球の行方に何らかの貢献をし，何らかの提言をして行く必要がある(海老澤, 1999, プロローグⅱ)」というスタンスが貫かれる。

[注]
1) 理論生物学者 Bertalanffy(1954, 13)は「生命の諸現象―物質代謝・刺激に対する感受性・増殖・発生等は、もっぱら空間的にも時間的にも有限で多少とも複雑に組み立てられた自然物のなかでおきる。まさにこの複雑な自然物を私たちは『生物体』とよんでいるのだ。生物体はそれぞれ一つのシステムを意味している。システムという表現は、たがいに作用しあう諸要素の複合体をさす」とする。ひとりでは生きていけない、つながりの中で生き、生かされていると考えるのが自然であろう。相互作用、相互関係の連鎖が生命現象の本質といえよう。
2) 今田(2005, 191)は「近代社会は管理や制御の仕組みを整備することで効率性を追求してきた。けれども現在、それが行き詰まりをみせている。なすべきことは、ゆらぎを排除したり潰したりせず、それがもつ活力を活かすような社会の仕組みを考えることである」と言う。
3) 中村(1984, 37)の表現を借りれば、仏教の開祖仏陀の「生き生きとした姿に最も近く迫りうる書」である最古の仏教聖典、『スッタニパータ』第1章の第8節「慈しみ」には、次の言葉がある。「足ることを知り、わずかの食物で暮らし、雑務少なく、生活もまた簡素であり、諸々の感覚が静まり、聡明で、高まることなく。諸々のひとの家で貪ることがない」。こうした精神が今改めて見直される時期といえるのかもしれない。
4) 清水(2000, 60)は、「民主主義とは、国民それぞれが国の未来のために責任を背負っていくという制度であるが、日本の国民には後世のために自分たちが重荷を背負うという当事者意識がない。依然として、公共の受益者として自己を位置づけている。なぜ、このような危機の中で甘えが続くのであろうか。現象的に言えば、自分の物質的欲望を満たしたい、何か目立つことをして自分の自己顕示欲を満たしたいと考える自己中心的な精神の持ち主が増えている。そして表面から見えるところ(物質面)の価値に明るく、見えないところ(精神面)の価値に暗い社会ができているのである」と警笛を鳴らす。
5) 関連して禅では"冷暖自知"の言葉がある。これは、冷たいも暖かいも、実際に自分で触れてみなければ知ることはできないという意味になる。修行における悟りは、自分自身の経験を通じた、体得によって成されるものであり、単に頭で知識的に理解しただけではこと足りないことを表す。
6) "ちえ"には、漢字として知恵、智恵、智慧の三つがある。「知」は、しること、しらせることが第一義である。「智」は、知の下に日がつき、明白に

するというところから，悟る，本質を明らかにするという意味となる。仏教において「知」は，一般の分別，判断作用であるのに対し，「智」は高次の叡智に通じることとなる。「知」は迷いであり，「智」は悟りとなり，大きな違いである。また，恵と慧に関しては，恵が一般的であるが，仏教では智慧を使う。仏教における智慧とは，無常，無我，中道などの諸法の道理を洞察する強靭な認識の力を指す。本研究では仏教における高次の叡智の意が，語感として近いことから，智慧を使うこととする。

7）Briskin et al.（2009, 4）は「大規模な変化であっても，そこには個人的な側面があり，個人の関与がある。それが人の思考や理解の根本的なシフトを引き起こし，集合知の具現化につながる」と言う。大きなうねりも，個が起点となることは実感しているところであろう。

8）仏教の代表的経典ダンマパダの偈，「自己こそ自分の主である。他人がどうして（自分の）主であろうか。自己をよくととのえたならば，得難き主を得る」中村元訳（1978, 32）もこうした境涯を表したものであろう。

9）生物学者の本川（2011, 78）は生命の誕生について「生命は太古の海で生まれました。太古の海に溶けてただよっていた有機物が，薄い膜で外界とのしきりをつくって自己を確立したのが生命のはじまりだ」と言う。"個人"として生まれ，"主体"へと成っていくことが類推される。

10）人間は漢語仏典の用語では，世間・この世を意味する。個々の人とは異なった意味をもつ。この点をとらえた和辻（1962）は，人間が置かれている「間柄」への注目を重要視し，人間の存在様式を明らかにする条件として指摘する。「間柄」とは人間同士の関係性のことといえるであろう。本研究では，"人間"について主体及び主体の関係性，ふたつの含意をもたせ，論を展開することとする。

11）Schein（1987）は，こうしたアプローチを臨床的（clinical）と表現する。これはレヴィンの「人から成るシステムを理解する最良の方法は，それを変えてみようとすることである」という考えの系譜を継ぐものである（金井，2010, 172）。コンサルタントとして，当事者の一員となり日々組織に関わり変えることと変えないことを明らかにし，変えるべきことを変えようとする営みの中で，組織とそこで働く人々の赤裸々な姿が見えてくるのは実感しているところである。

12）これからの組織のあり方の模索には，兆候や気配に敏感になると同時に根源的に思索することが求められよう。そこで事例の共通点から理論を導き出す帰納法（induction）に加え，ある種現実から距離を置いたところから，

現実と擦り合わせながら哲学的，思想的に思考し演繹法(deduction)の一部も使い論理を構築，現実への応用の可能性導出を試みる。
13) 『葉隠』における有名な一節「武士道とは死ぬこととみつけたり」。ここにおいて道を貫き通す武士としての生き方の根本が死である。死の覚悟が生を際立たせる。つまり生は死を包含し，死は生を包含するととらえることができる。
14) 同じように，鈴木(1940, 26)は「一即多，多即一が十二分に理解されたとき創造の天才が生まれる」として，「それだけで絶対の事実を完全に叙述したものとして理解すべきである」と主張する。

第2章 関係性の欠如がもたらす問題点

第1節　関係性欠如の根底にある考え方

　協奏する組織の検討にあたり，特に重要なのは，関係性についての議論となる。なぜなら，協奏とはどのような関係性が望ましいか，そのあり方となり方についての検討だからである。そこで本章では，良き関係性が欠如した場合どうなるのかについて論じたい。根底にある考え方としての要素還元主義的機械論をとりあげるとともに，その発展としての経済至上主義の弊害，近代化のもたらした孤立について考察する。併せて関係性を阻む要因として重要と思われる論点について検討していく。

第1項　要素還元主義的機械論と二つの偏重

　ニュートン力学成立以降，自然はもはや不可思議なものではなく，人間の知力によって理性的，合理的に解明できる対象となったと思われた。ニュートン力学の特徴は，非常によく似た現在から，非常によく似た未来を予測できるとする点にある(Coverey & Highfield, 1995)。会田(1967, 97)によれば，「世界は，合理的法則によって支配されており，その法則を人間の理性によってとらえていくのが西洋の合理主義」となる。これは，自然は征服できる

という,西洋の自然観の基礎を成しているといえよう[1]。ニュートン力学から発展した要素還元主義的機械論では,自然や社会の仕組みを理解するのにあたり,各要素に分解し部分を分析する方法をとる[2]。大きな落とし穴は,要素同士の関係性という視点の欠如であろう(Boulding, 1956; Buckley, 1967; Whitehead, 1978)。対象が生命的であった場合,分解した部分を再びつなぎ合わせても,全体の性質は元に戻らない。イギリスの発生生物学者 Waddington(1964, 68)は,生物の本質を「編成されていること」に見て,眼を例に次のように言う。

> われわれが眼の水晶体や網膜について語るとき,これら両者の間の関係や,これらのものと一つの全体的な活動単位としての眼球との間の関係を無視した場合は,水晶体や網膜について必然的に何か非常に重要なことを見落としてしまうことになる。

生きているシステムを認識するうえで,関係性,全体性という観点が欠かせないことがわかる。そして関係性,全体性の欠如は,組織論の観点で,おおきく二つの偏重を生み出すこととなった。部分への偏重と,結果への偏重である。

(1) 部分への偏重

部分への偏重は,効率化を目指した,職務の分担,分業から始まる。ここでは,断片化された,部分責任が重視され,全体に対しては無責任さを招くこととなる。全体を犠牲にしても,部分を優先するということが起きてくる。結果として,責任範囲が部分に明確に還元される。それは多くの場合,成果主義[3]と合わさり,

より強固になってしまう。例えば，部署の目標が達成されなくとも，個人目標の達成で満足し，全社的な目標が未達成であっても気にならない。自己目標を最優先するときに，仲間や自部署の目標にすら目を向けなくなる。

　また，全体が見えなくなることに加え，部分と部分の間に"落ちた"仕事が増えることとなる。仕事のなすり合いなども起きてくる。反対に利権の獲得に走る，狭い範囲での縄張り意識なども出て来る。個人の孤立や対立を招く危険も孕むといえる。これに関連して，分業についての先駆的な指摘がある。Durkheim(1893, 83-86)の示した，機械的と有機的という二つの対照的な類型である。「機械的分業」を「類似から生ずる連帯」，「人間の人格が消滅」し「固有の運動をもたない」連帯とする。それに対し，「有機的分業」は「全体の個性がその部分の個性と同時に高まり，社会は，その各要素のひとつひとつが固有の動きをもつようになると同時に，全体としてますます活動的になる」連帯となる。ここで注目すべきは，高等動物と同様に「各器官には，その専門的な特徴，自律性があるけれども，有機体としての統一性は，この部分の個性化がいちじるしくなるほど大きくなる」という指摘である。有機的分業は，現在も多く見られるマニュアルによって決められた範囲で，決められたことをこなすのとは大いに異なる分業といえる。

　個がその個らしさを十全発揮することで，全体が機能を高めることとなる。Durkheim(1893)の指摘からも，個別業務同士は，他の業務とも連携し，多面的な責任を共有，包含している視点が重要となる。そして，部署の利害が優先されると，組織や会社全体としての使命や責任というより大きな，全体性への視点が欠如

することとなる。社会的な貢献が見えづらくなるという弊害も生じる。

　さらに，部分最適に陥ることに加え，部分同士の組み合わせを変えることで，全体の性質が変わるという視点が欠如する。人を生きた存在そのものというよりも，単なる資源の一つと見做し，スキル要件で個人をとらえ，組織編成をすることとなる。例えば，組織に必要な能力として，財務，マーケティング，営業，それぞれ強い人材を集めてもうまく行かないケースはある。一方，個人同士の相性やタイミングによって能力が足りなくとも成果に結びつく例も多い。個々の実体ばかりを優先し，相互関係を見失うと，メンバー同士の連携や協働など，見えづらいが，全体にとって大切な肝が疎かになるのである。組織のムードや場が醸し出す雰囲気こそが，集団を導くことは良くあることだろう。われわれは，"のっている"状態が，想定を超えた成果を生み出す現場を何度も見ている。

（2）　結果への偏重
　結果重視の組織では，成長性，収益性など成果を数値化，可視化することが，重視される。比較的短期に成果が目に見える，分かりやすいことへエネルギーが注がれることとなる。結果，長期的視点が失われ，将来的に会社としてのあるべき姿や目標など，夢や志は軽視されるか，まったく眼中から消えてしまうことも起こり得る。財務データー中心の管理は，合理的で分かりやすい半面，数字で表せないものごとを排除することともなりかねない。
　つまり，結果に至る過程が軽視されるということである。具体

的には、間接的な成果、失敗からの教訓や、苦労からの学習などである。例えば、巨額の投資と長い時間を投入したにもかかわらず失敗に終わったプロジェクトであったが、メンバーにとって大きな学びをもたらした場合では、学習成果をどう評価するかは難しい。プロジェクト単位の収益面からの基準を用いて、評価を低くすることは簡単である。しかし、結果は失敗であっても、次なる事業の種や、メンバーの能力を飛躍的に向上させた例は、いくらでもある。結果偏重の場合、過程で起きた様々な副産物を見落とすこととなる。併せて、顕在化していないが、潜在可能性がある能力の発掘など、主体や組織にとって、将来重要となるかもしれないことは蔑ろにされる。

　結果重視の代表として成果主義があろう。成果主義は、できた人、結果を出した人に報いるという、納得性の高い考え方で始まった[4]。しかし、根底に人は金銭や地位によって動くという、操作主義が潜んでいるようにもみえる。合理性や経済性を否定するものではないが、合理性や経済性だけで人や組織は動かないことも真実であろう。成果主義の行き過ぎが、組織のみならずそこで働く構成員をも疲弊させた例は、枚挙にいとまがない。成果主義の本質は、金銭という定量的尺度、単一次元への還元となろう。よって金銭価値を最重要としない構成員に機能しないばかりか、反対にやる気の喪失や疲弊を生むことになったのである。複雑性を避け単純性へと進む合理的なシステムは、人間性を否定し、人間の理性をも退ける理不尽さを包含することとなる(Ritzer, 1997)。

　以上、部分と結果という、要素還元主義的機械論がもたらす二つの偏重について見てきた。二つの偏重には、合理性への過信と、

そこから生じる自己満足や驕りが見て取れた。また部分と結果，両方が組み合わさると影響が大きくなることも容易に想像できる。

　細部を見つつ全体像をつかむ，関係性の複雑なパターンを見るなど，高度な認識力を置き去りにしては，主体と組織の未来はおぼつかない。推論法についても，帰納法(induction)や演繹法(deduction)だけでなく，可能性を探索し湧きあがるアイデアを形成させていく外転法(abduction)や，一旦戻って意味を解釈し直す，内包的(intensive)で内省的(reflective)な遡及法(retroaction)なども必要とされる。多様なものごとを取り入れる許容性や柔軟性を失ったとき，主体と組織の生命力は失われると見てよいであろう。

第2項　経済至上主義がもたらす弊害

　先述のニュートン力学，要素還元主義的機械論の成果は，精神面では科学万能の合理主義へ，経済面では18世紀にイギリスで始まる産業革命へとつながった。結果，物質文明は急速に膨張することとなる。確かに物質文明は，人類に一定の恩恵をもたらした。一面の便利さや快適さである。しかし，現在まわりを見渡したとき貪欲ともいえる一部国家や企業の資源の私物化，浪費という構造は，現代社会がかかえる病理そのものではないだろうか。

　所有することから共有することへの思考の転換に基づいた，「メッシュビジネス」を提言する Gansky(2010, 65)は以下のように指摘する。

経営トップが大株主で，株主の利益が会社経営において何より優先されるような企業の姿勢はゆがむ。利益追求だけに走れば企業は理

念も行動規範も失い，業績はまちがいなく落ちていく。理念を失った企業に消費者は深い不信感をもち，企業やブランドに対して激しい怒りを抱いて，「その会社のものは絶対に買わない」という雰囲気を生み出してしまう。アメリカで現在起こっているのはそういうことだ[5]。

　過度の成長，市場シェア，利益重視などは，今なお多くの企業の目指すところである。これらは，経済性，合理性一辺倒の行動原理に基づき，競争に勝利することを至上命題とする。しかし，成長拡大追求の行き過ぎはいかがなものだろうか。エゴ丸出しの企業は，短期的な収益獲得に成功することはあるとしても，地球という空間のなかで，長い時間存在に値するかは多くの人が疑問を抱くところといえよう。尊敬できる企業と付き合いたいと思う消費者は，確実に増えている[6]。それに伴い購買判断に当たり，TVコマーシャルなどのマスメディアよりも，身近な人や信頼できる評価者の勧めが果たす役割は益々大きくなっている。更に，本業と切り離された"免罪符"としての社会貢献やCSRに，賢い生活者は既に気づいていよう。今まさに本業が社会的使命を帯び，社会貢献と一致していることが求められている。

　いまだに車や家を持つことに代表される物質的な豊かさや便利な暮らしに対する欲望が，安心感や幸福感につながるという考え方は根強いかもしれない。しかし，共有という価値観の醸成を通じて，それも見直されているといえよう。産業革命以降現在まで普遍の価値観のように強固だった大量生産，大量消費，大量破棄の横行は地球に住むものにとって明るい未来には決してつながらないことは，はっきりしているのである[7]。また，生産者と消費

者という括り方もすでに過去のものになりつつあるように思える。地球社会における生活者としては同じ一員とみたほうが適切と言えよう。

　共有 common とは，com-(共に) + -mon(役立つ) = 互いに役立つから派生している。一人占めや搾取の対象であってはならない[8]。互いの信頼や思いやり，遠慮があってしかるべきであろう。食べつくし，飲みほし，使い果たす意味の消費(consumption)を続ける生き方は許されないといえよう。Latouche(2010, 156)は「古代の智慧は自然環境を妥当な手段で利用することを心得ていたが，今や傲慢さ，つまり自然を管理所有する人間の行きすぎた行動が支配するに至っている」という。併せて，地球の環境容量を示す指標，「エコロジカル・フットプリント(ecological footprint)」により，人類が持続不可能性の道を進んでいることを示す。概要は下記の通りである。

　　地上で利用可能な空間は限られており510億ヘクタール程度であるが，さらに人間が再生産活動のために利用できるのは限られ，120億ヘクタールである。これを現在の世界人口で割り算すると，一人あたり約1.8ヘクタールとなる。地球規模の平均は，2.2ヘクタールで，既に地球の許容量を越えている。特にその中で，目だって多いのは，アメリカ人は一人につき9.6ヘクタール，カナダ人は7.2ヘクタール，ヨーロッパ人は4.5ヘクタールなどである。もし，全人類がアメリカ人のような生活をすれば，惑星が六つ必要となる。

　現在の消費を煽るに止まらず，消費の先取り経済の典型が，サブプライムローン問題でより克明に表面化した。2011年8月5日，アメリカの大手格付け会社スタンダード・アンド・プアーズは，

史上はじめて，アメリカ国債格付けを「AAA」から「AA⁺」に引き下げた[9]。債務支払い能力の信頼性が下がったことになる。家計の負債増と消費増を中心とした経済成長の限界が露呈したといえよう。有限な惑星，地球の上で無限の成長を求めることが，賢明な生き方，健全なあり方とはいえないし，そもそも不可能であろう。資源の循環を軽視もしくは無視した生産，消費行動は，人間だけでなく地球上の生命すべての存続可能性を閉じることとなる。人間のわがまま，勝手が許されることはなかろう。成長至上主義がいつまでも許されるはずはない。消費が美徳と宴に酔いしれている時代は終わりを告げたといえよう。

　謙虚さや思いやりのない特定原理の押しつけは，殺伐とした風景の広がりしかイメージできない。矛盾を退ける短期的な合理性は，認識の幅を狭め，やがては凝り固まって，創造の芽や将来の可能性を自ら閉ざすこととなる。こうしてみると，経済価値にのみ特化した考え方は，多様性や異質性，あいまい性を排除してしまうところに，病理の根源があるといえよう。

　「個々のエコロジカルな存在が，相互依存の関係でもって本質的につなぎ合わされ，ひとつの美しい世界をつくっていることに目を向ければ，全体がよい状態を保つことなくして，その一部であるわたしたち個々の自己実現などありえないと理解されよう」という，Snyder(1995, 71)の声に耳を傾ける必要がありそうだ。要素還元主義的機械論の派生について，経済現象を中心に見てきた。次項では，物質科学のめざましい発展のもう一つの側面として経営，社会環境について見ていくこととする。

第3項　近代化のもたらした孤立

　先述の通り，要素還元主義的機械論に端を発する物質科学の発展は18世紀に始まるイギリスの産業革命へとつながった。19世紀後半にはアダム・スミスの自由主義経済論の主張などの後押しもあり，効率重視の科学化運動につながり，20世紀に入るとその科学はさらに専門化され，それぞれ細分化され各々個別の分野のなかで発展し成果をあげることとなった。そこでは，沢山の専門家を生みだす一方，専門分野同士のつながりや連携は分断されていったといえよう。

　経営管理論では，効率最重視ともいえる科学的経営(Smith, 1982)への推移が見られた。その代表として，テーラーの科学的管理法とファヨールの管理過程論を挙げることができる。Taylor(1911)の提唱した科学的管理法は，一流のひとの作業のやり方を標準化するところにそのエッセンスがある。機械技師であったテーラーは，管理者としての機械工場経営における経験を生かし，最小の投入(input)で産出(output)を得るため，運営段階における人間の働きを計画，標準化，修正することに努めた。こうした生産効率の最大化をもたらすシステムは，雇用者と被雇用者双方の収入を増大させ，葛藤(conflict)も解消されるとした。テーラーの功績はその後，経営工学(industrial engineering)へと結実したことは衆目の一致するところである。加えて成果を出したものに金銭や地位で報いる，成果主義の萌芽も見受けられる。

　また，マネジメントの父とも称されるFayol(1949)は，「企業は技術，商業，財務，保全，会計，管理を実行する人びとの集まりから構成され，自己の扱う全資産から，できるだけ最大の利益を

抽出するよう努力し，当該企業をその目的に誘導することが経営である」とした。ここでは経営の重要要素は，計画・予測，組織化，命令，調整，統制とされ，経営管理の諸原則として以下の14が示される。分業，権限，規律，命令の統一，指揮の統一，個人利益の企業利益への従属，報酬，集権，権限の階層，秩序，公正，人員の安定，創意，団結となる。ファヨールは19世紀後半のフランスにおける炭鉱経営者であり，これらの原則はその時代背景と対象から導き出されたものであろう。

興味深いのは，Fayol(1964, 3-4)自身も「原理は柔軟であり，あらゆる要求に適応可能である。それはそれらをどのように使用するかを知ることであって，叡知，経験，決定と調和を必要とする一つのむずかしいアートである」と言っていることだ。人やマネジメントという複雑なシステムを科学的に割り切ることはできないと，経営者であったファヨールは十分承知していたということであろう。しかし，ファヨールの示した管理過程論はその後厳格，厳密に運用され過ぎることで，人間性に対する尊厳の喪失につながったように思える[10]。テーラーの科学的管理法とファヨール管理過程論は古典的経営管理論と呼ばれる。それまでの経営者の経験と勘だけを頼りにするマネジメントからの脱却という点で貢献があったとはいえ，20世紀の経営理論の大本を作り出したと考えられよう。人間観の観点からすると，人の行動は，経済報酬いかんにより影響されるという経済人モデル(economic man)になる。

Schein(1981)に従って，組織論研究の流れにおいてどのような人間観が出てきたかをみると，経済人モデルから社会人モデル(social man)，そして自己実現人モデル，複雑人モデルの順番で

の展開となる。本研究とも関連が深いので、各モデルの要点のみ概観することとする。社会人モデルを見出した、メイヨー率いる産業研究チームのホーソン実験はあまりに有名である。この実験からの重要な示唆は、非公式組織の発見であり、人の行動を人間関係によって規定される心的態度や心情の関数としてとらえられたことだろう。仲間との連帯意識や労働者の感情が生産性に影響することを示した。

次は自己実現人モデルとなる。これは、社会人モデルの、依存的側面を補うものとして登場した。このモデルでは、自己実現欲求を満たそうとする構成員は、自らの能力を向上させ、組織目標に貢献することを満足の源泉にするというものである。人間関係、つながりという観点からすると、自己責任や自律性を求められる意味合いから、経済人への揺り戻しが見て取れよう。

最後は複雑人モデルである。経済人、社会人、自己実現人の流れを見ると、前のモデルの欠落点を補強、修正し、高度化の道筋を進んでいるようにも受け取れる。しかし、経済的な報酬、人間関係的な報酬、自己実現の報酬と人はそれぞれ多様な欲求を持つと考えたほうが自然であろう。それが複雑人モデルの要点である。どのモデルにしても、強制的に押しつけることはできないであろうし、同一人物の中にも色々な側面があり、また時間の経過や状況により変化するであろう。複雑人モデルにおける示唆は、組織管理にあたり人は複雑であることを前提に、相手の状況を見定める力が重要となることであろう。

ここまで、経済人、社会人、自己実現人、複雑人と辿ってきた。関係性という観点は、社会人モデルで注目され、その後、揺り戻

された感が強い。経済人が効率性追求から来る孤立であり，自己実現人は自己責任から来る孤立といえよう。また，経済人モデルは，規格の決まった製品を正確，迅速，低価格で効率よく生産することが命題であった工業化社会には極めて適合性が高く機能した。その成功は長く続いた分，慣性も大きく，ポスト工業化社会，知識社会といわれる現代にも強い影響が残っているといえよう。

　田中（2009, 333）は「『モノ・コト・カネ』，あるいは『情報・商品・貨幣』が過剰に流通し，溢れかえる先進資本主義諸国のメガロポリスのなかで，現代の『人間』は，絶望的なまでに孤独である」と指摘する。「溢れかえる『モノ・コト・カネ』の渦のなかで，決定的に人間と人間の関係を喪失している」ということになる。マイカー，マイテレビ，マイ電話，マイパソコンと所有の個人化も急速に進み，またそれを持つものと持たざる者の分断も進んだ。権利を享受できる，恩恵を被ることができる人と，そうでない人の格差拡大も進んだ。個人化，孤独化，孤立化が進んでいるといえよう。

　ここまで，良い関係性という観点が欠如した，要素還元主義的機械論，そしてそこから発展した経済至上主義，近代化のもたらした孤立について論じてきた。共通するのは，特定原理への還元であり，合理性と効率性一辺倒の追求であった。いずれも協奏できていない組織の姿が浮き彫りになった。次節では，関係性分断が生む諸現象として深刻と思われる論点について検討していく。

第2節　関係性欠如が生む諸現象

第1項　専門家意識が生む閉鎖性

　専門家意識には，多様性や異質性を許さない，特定性，閉鎖性につながる危険性がある。いわゆる"象牙の塔"となる。閉鎖性は，一定期間必要である。蝶も蝶になる前に，蛹の期間を過ごす。蛹の期間は，水や空気を除いて基本的には外部との交流は断たれる。しかし，次を目指すのであれば蛹のままでいるわけにはいかない。一定期間の閉鎖は，認識の深まりに貢献するが，新しいもの，意外なもの，違和感のあるものを取り入れ，認識の幅を広げないことには，やがて深まりも限界がくる。幅をひろげつつ，深く掘ることで，他の主体との関係性ができ，専門性も磨かれることとなる。

　製造業B社人事部で人材育成を担当する課長はR&D部門のマネジャー育成について次のように語った。

> うちの組織上，研究者として何かしら優れた業績を残した人をマネジャーにするわけです。基本的には研究が好きで，黙っていても専門は掘り下げる。興味があるところだけを深く，深くやっていくわけです。でも私も元々研究者ですので良く分かるのですが，それだけだと視野が狭くなるんです。人としての広がりがない。他の分野に目を向けることで，精神的余裕，受け入れる力が付いてくると思うんですけど，少しでも閉じた人が開いていくと良いんですが……。

　良かれと思い，自らを自らで閉鎖してしまう主体の姿が浮かび上がる。変化を受け入れ，自ら変化を仕掛けていく姿勢が重要で

あろう。

　"象牙の塔"はやがて崩壊することは歴史が示している通りである。有名なのは，NASAの二度に亘るロケット打ち上げの失敗であろう[11]。1986年の「チャレンジャー」と2003年の「コロンビア」，いずれの事故でも乗組員7名全員が命を落とす悲劇となった。一方は左翼前縁部の損傷，もう一方はロケットのゴム部品の不具合と，原因は別のように見える。しかし調査の結果，根底にあるのは，間違いを受け入れない組織文化にあったことが明らかになっている。原因追求の中で双方とも，部下からの進言を無視もしくは蔑ろにした管理職の姿が浮き彫りになった。こうした過ちが繰り返される組織の特徴としてGoldstein, Martin & Cialdini(2009, 105)は「グループの結束に対する強い要請，外部の影響から隔離，リーダーの権威主義」の三つをあげる。耳の痛い意見や提案を受け入れない閉鎖した組織は，自らの組織の正当性を疑うことなく，猛進し悲劇につながることを心する必要があろう[12]。

　こうした専門家のもつ落とし穴について，曹洞宗の禅僧，サンフランシスコ禅センターの設立者鈴木(2011, 13)は初心者と対比させ次のように述べる。

> 禅心の修行とは，初心(beginner's mind)の修行です。いったい私とは誰か，という最初の探究の無垢な心が，禅の修行全体にわたって必要とされるのです。初心者の心とは，空であり，専門家のもっている「くせ」がなく，すべての可能性に対して，それを受け入れ，疑い，開かれている，準備ある心です。それは，ものごとをありのままに見ることができる心であり，一歩一歩，あるいは一瞬の閃きのうちに，ものごとの本来の姿を悟ることができる心です。

これに関連して，Briskin et al.（2009, 28）は集合知（collective wisdom）について，「参加者の内面奥底から，またその集団の認識の中から，集団の活動を取り巻く精神的，文化的，組織的な力の中から気づきが生まれ，ふさわしい行動が判断される」と指摘する。さらに，認知心理学者 Varela の言葉「私たちが知る者でなくなるとき，私たちは初心者（beginners）のようになり，目の前の作業に馴染もうとする」を引きつつ，「わからない（not knowing）ことがあれば，ひとはそれぞれ心の内で考えを深め，多様な視点に耳を傾ける。専門家たろうとするのをやめ，心を開こうとする」と言う。わからないことが認識されると洞察が生まれやすくなることが示唆される。

　純粋さや新鮮さ更には，わからないことを強みとしてしまうくらいの認識が必要なのだろう。"本音をさらす"という一見簡単であるが，なかなかできないことをやり合うことで見えてくる世界があるといえる。このことは，後に論ずる「妥協が生む表面性」とも関連が深い。専門性を生かすことは貴重な貢献であるが，専門家として君臨したり，他を寄せ付けなかったりすることは，閉鎖性への固執を生むこととなる。"井の中の蛙"である。専門家意識の根底には，傲慢ともいえる自信があり，自らで自らの世界を狭め，歪めてしまうことがはっきりしたといえよう。

第2項　自己満足が生み出す安住性

　自己満足は，自己認識の甘さに由来することが多い。できているという確信が，"胡坐をかく"，現状に甘んじる思考と行動を生み出す。そうした自己満足について，アメリカの経済学者 Galbraith(1993, 18)は「幸運で恵まれている人々は,明らかに,自分たちの長期的福利を考えて反応したりはしない。むしろ彼らは,当座の平安と満足に精力的に反応する」とし,満足の問題は「根の深いもっと人間の本性に関わる問題である」と指摘する。

　満足は主体を安易な方向に誘ってしまう。ゆでガエルの喩えの如く,危機を感じる力を失い,仮初の春を満喫することとなる。満足して,そこから動かなくなることを,Tripp(1996)は化石化(fossilization)という隠喩で的確に表現する。ここでは,言語習得の学習障害が例として示される。文法や発音が違っていても,実用的には問題がないことをいいことに,学習者は満足してしまい,上達の道が閉ざされるのである。ルーティンに慣れた頃に,事故が起こる"学習の復讐"ともいえる現象である。

　通信情報業G社の部長は,現状に甘んじる入社3年目の部下について次のように語った。

彼を見ていると,何かやらかしてしまうのではないかと思って,ちょっと怖い。器用なのはいいが,できた気になって,アドバイスに耳を貸さないで突っ走っている。大きな事故につながらないといいんだけど……。

　また,自らもデザイナーとして活躍,デザイン事務所で部下の育成にあたる部長は,「仕事の質が低い」デザイナーの共通点として4つを挙げる。
① 消去法の生き方をしている
　「本当にデザイナーがやりたくて,やりたくてしかたなかった」のではなく,苦手を避けて,なんとなくこの職業を選択してい

る。
② 自己評価が甘い

自分の仕事に対するバーが低く、低いレベルの出来栄えで満足してしまう。自分はできているという認識に立っており、自分に対する評価、給料に対していつも不満気である。

③ 自分の課題が何かわかってない

低いレベルで満足してしまうことで、苦しい場面に直面することもないので、自分の成長課題が見出せない。課題に対する挑戦もないので、成長の速度が鈍い。

④ センサーが働いていない

同じ経験をしても、つかんだり、感じたりする能力が低い。結果「凄いねと言わせる、感動的な仕事ができない」可もなく不可もなくの仕事の繰り返しに終始する。

同じように、製造業B社R&D部の担当部長は、エネルギーの低い満足について下のように述べる。

> 私の先輩達は、実績をあげることに本気になって取り組み、実績を作りながら、自信をつけていった。ところがこの頃の研究者を見ると、実績が出せない、だから自信がない、終いには「自分はこんなもんです」と負のスパイラルに入って、自分で自分を縮こまらせている。恵まれた、満ち足りた環境[13]が彼らをそうさせてしまったんでしょうか。かなり深刻です。

やり切る気概や、闘争心、負けん気がなく、小さくまとまってしまう自分なりの満足が、やがて過信、慢心になり、学習の障害

となって立ちはだかる。新人の頃は過剰なまでだった細部への注意や新鮮さを失い、変化を拒む"固まった"状態である。日常的なルーティンの円滑化の中で満足することは危険といえる。安住することで、創意工夫がなくなり、あっという間に停滞となってしまう。内省をしても甘い自己評価からでは、より良い変化や成長は望めない。高位の安定と思っているのは、自分だけもしくは、"象牙の塔"の中、閉じた関係の仲間だけとなる。

　また、ゼロックスのCEOアーシュラ・バーンズは、まさに経験からにじみでる実感として、下記のように自己満足へ警笛を鳴らす。

　うまくいっていてもあえて波風を立て、もっとよくできるから変えようと主張する人がいるものです。現状を維持するのは楽です。完璧にいっているとは言えなくても、壊れていないときは特にそうです。でも一歩先を見て、直さなければならなくなる前に直す努力が必要です。企業は自己満足に陥ったときダメになります。安心なときが危ないのです[14]。

　"できた気になる"満足は、閉鎖された淀みに陥り、変化や学習を阻害し、大きな危険を伴うことを心せねばならないことがわかった。見ているものが全てであるという、思い込みや先入観、決めつけは、過信であり利己主義ともいえよう。

　また自己満足は、極端な自己主張の押しつけとして表出する場合もある。自己の主張をもつことは大切であるが、自己を通すことが目的化してしまっては本末転倒である。自己主張しながらも、他の主体の意見にも耳を傾ける、謙虚さや寛容さが大切となる。

一人では成し遂げられないものごとの完成には，相互の自己超越が連鎖した，本来の意味の競争[15]，協働が必要だからである。自己満足は，既知のものへの固執となり，新しい認識の広がりの可能性を否定することとなる。

第3項　表面上の合意による衰退性

Follett(1949, 128)は対立を処理する方法として「抑圧(domination)」「妥協(compromise)」「統合(integration)」の三つがあるという。「抑圧は，明らかに一方の側が相手側を制圧すること」であり，「妥協は，和解のために相対する当事者がそれぞれ相手方に僅かばかり譲歩する」こととなる。

抑圧は手っ取り早い方法といえようが，多様性や独自性を排除することとなり，無理を生じさせ，中長期的な視野からは，主体や組織にとって良い影響はないといえる。妥協は，日常的に多くの場面で行われていよう。抑圧ほど激しくはないが，どこか満たされない思いを残すところに特徴がある。よって妥協ばかりしていると，同じような争いが形を変えて将来つぎつぎと現れてくる(Follett, 1949)ことが起こってこよう。強制，押しつけによる，服従，盲従にも重大な問題があるが，妥協は，抑圧に比べ頻度が高く，分かりにくいこともあり注意が必要である。

表面上の合意は，抑圧と妥協となって現れる。いわゆる"お茶を濁す"状態である。表面上は何も問題がないように流れていくが，抑圧や妥協が潜んでいるといえよう。具体的には，本質的な問題には蓋をするとか，見て見ぬふりをしてやり過ごす，利害の一致した結託の強要や勧誘などの行動となる。多くの場合，現状を保

つ方向に働き，環境が許せば状況が継続されるので，悪影響が長く続いてしまう。解決にならないことが，はっきりとわかっているにもかかわらず，狭い認識の範囲内で行動する愚が繰り返されることとなる。

　表面上の合意として，製造業L社において次の事例があった。
　部署の統廃合の検討において，確実に使命の終わった部の延命に尽力する事業部長と担当部長である。次にポストのない，定年間際の事業部長は何としても自分が定年になるまで，組織を持たせたかった。担当部長はその部長からの人事評価を気にするあまり，廃部をしたほうが会社のためになることは十分承知していたが，事業部長に協力し延命を図った。具体的には，部にとって不利なデーターを歪曲し，本社からのヒアリングに対し詭弁を弄して切り抜け続けたのである。部員の多くは，事業部長と担当部長の"企み"を見抜いていた。しかし，以前事業部長に反対意見を申し立てたメンバーが，戒告的な人事異動を余儀なくされた前例もあり，"波風を立てない"ほうが，身のためとばかりに，見て見ぬふりをした。結果としてこの組織は，事業部長の定年まで継続されたが，何の成果も残せず，企業への貢献はまったくなかった。そればかりか，優秀なメンバーの退社も相次ぎ，最後は組織の体を成さない状態となり，他のメンバーも多くは不本意な人事異動を受け入れることとなった。抑圧や妥協の潜んだ，表面上の合意を続ける代償は大きいといえる。

　表面上の合意は，不満はあっても見せかけの団結や，私には関係ないという無関心，怠惰な心，私には無理だという諦めやチャレンジしない心によって成り立つ。他人事で冷めている，意見を

もたない，翻弄され，流されるだけの分断された，個人や組織から，新しいものが生みだされることはないといえる。

　また，相手を操ろうという意図が潜むことも多い。製造業Ｌ社の事例も事業部長には，自己保身のために，部下を道具として使おうという極めて強い利己主義を伴った，操作意識があった。人を，自分の目標達成のための道具として使わないというのは情緒的な精神論や潔癖主義ではない。人を操ろうという意識は，確実に相手に伝わる。そして気持ちを萎えさせ，やがて組織中に伝播し，組織の生命力を確実に削いでいくこととなる。

　それが上司であれば，部下は知らず知らずのうちに顔色を見て仕事を進めるようになる。人事権ゆえに表面上言うことを聞く"大人の振る舞い"，つまり表面上の合意はする。しかし新しい提案や思い切った発想よりも，上司の許容の範囲の中に止まることとなる。このように，操ろう，道具として使おうという気持ちや人間観は，組織全体に冷めた空気を生み出していく。ワクワク感や没入感，共感や共鳴という価値創造にとって大切な要点を殺してしまう。

　更に怖いのは，操作意識が蔓延してくると，操作意識の連鎖が生まれ易くなってしまうことである。操作意識の奥にあるのは，相手の立場や組織の立場ではなく，自分の立場ばかりを優先している気持ちであろう。そうした気持ちは他者の同様の気持ちを刺激し，同様の気持ちを引き出してしまうこととなる。こうして利己主義の温床になった組織は，特に挑戦意欲が旺盛な人や，自由な発想を大切にする人にとって，居心地の悪い場所になる。この事例のように，組織にとって重要な人物の流出につながる結果と

なる。表面上の合意は新しい認識の広がりとともに、認識の深まりをも阻害することとなる。

　ここまで、関係性分断が生む諸現象として、専門家意識が生む閉鎖性、自己満足が生み出す安住性、表面上の合意による衰退性について見てきた。いずれも、主体性をもって動くことなく、変化を拒む姿がある。複雑性を避けて、単純化、合理化に偏狭する個にもつながる。根底には利己主義という共通点も見えた。また、特定の個人が犯人ではなく、組織やシステムそのものが病んでいくことにも注意したい。

　プリコジン(1993, 105)は、古典的な科学と新しい科学について次のように対比して述べる。

　　古典的な科学は、安定性、永遠性、万能性を重視しました。しかしその報酬は、二元性の出現と、自然からの人間の孤立でした。新しい科学は、はかなさと、リスクと、多元性を重視します。

　同じように Lissack & Roos(2002, 45)は、古い常識と次なる常識について次のように言う。

　　古い常識は、込み入った(complicated)世界に分散して存在する複数の要素の一つ一つを扱うものだった。「次なる常識」は、それら無数の要素の間の相互依存や相互関係が織りなす複雑(complex)な世界を扱うものである。

　「折りたたむ」という意味の plic に対し、「織る」という意味の plex では、関係性や関連性が重視されよう。本研究も、「新しい

科学」,「次なる常識」を手掛かりとしていくこととする。よって,単一因子による,決定論とは袂を分かつことになる。単純化や合理化とは趣を異にする,あいまい性や,ゆらぎの中での全体過程,そして,その過程の中で織りなされる相互作用や関係性のあり方などが重要なテーマとなってこよう。

[注]
1) 日本の自然観について物理学者寺田(1948, 236-237)は,日本において季節や天気の変動が頻繁にあることや火山や地震,台風が多いことをとりあげ「自然の神秘とその威力を知ることが深ければ深いほど人間は自然に対して従順になり,自然に逆らう代わりに自然を師として学び,自然自身の太古以来の経験をわが物として自然の環境に適応するように務める」と興味深い指摘をしている。また,音楽学者吉川(1984, 68)は西洋と比べたとき日本人の音感の特徴として「日本人が自然界の音と音楽芸術の音とを厳しく区別しない」と指摘する。自然を征服,管理するという西洋の自然観に対して,日本には,明らかに異なる自然観があることがわかる。自然を,愛でる,生かす,順応するというようなものといえよう。
2) Bertalanffy(1973, 28-29)は「オーガニゼーションや秩序は,部分間の動的な相互作用の結果であり,部分を切り離して研究するときと全体の中に置いてみるときとでは,それらのふるまいを異なるものにしている」と指摘し,現代物理学,心理学,社会科学においても同様に「全体性」,「動的な相互作用」の観点からとらえる考え方へのシフトがなされていると言う。
3) 2005年,1,325社(有効回答227社)を対象とした日本能率協会の調査によると,日本企業の83.3%が成果主義的な人事制度を導入しているという結果が出ている。成果を出した人に報いるという成果主義的な考え方は一般化しているといえよう。
4) 太田(2008, 119)は「成果主義は,成果に対して主に給与や賞与といった金銭で報いる」とする。
5) Gansky(2010, 65)は併せて以下のように指摘する。「ハーバード大学の調査によれば,リーマン・ブラザーズとベアスターンズの五人のエグゼクティブは,会社が破たんするまで毎年平均二億五千万ドル相当の株を現金化し,かつボーナスを得ていた」。日本でも銀行など経営不振を助ける公

的資金を受けた企業幹部が高額の報酬を受けていたことが非難の的になったことは記憶に新しい。
6）Florida（2007, 114）はロナルド・イングルハートからノーベル賞経済学者ロバート・フォーゲルまで，多くの観察者が指摘するポスト物質主義における生活への影響として次のように指摘する。「働くいちばんの目的は自己充足のためで，生活の糧を得ることでも経済的な所得を得るためでもない。金儲けができるかどうかといったことよりも，本質的であり，クリエイティブな機会に価値を置く人々が増えていく」。消費観だけでなく，働く意味や意義など，仕事観についても転換点を迎えているといえそうである。また，ノースウエスタン大学のコトラーなどの協力も得て，消費者行動の転換について調査したGarzema, D'Antonio & Kotlen（2011, 21）は，2008年の金融危機以降の新しい価値観を以下の五つに分類した。①不屈の精神，②発明・工夫，③しなやかな生き方，④協力型消費，⑤モノ重視から実質重視である。
7）グローバリゼーションの研究者伊豫谷（2011, 14）は「膨大な化石燃料を消費し，いわゆる産業革命以降の工業化過程とは比べものにならない大規模な物的生産が，戦後の極めて短期間に達成されたのです。その結果，一方では，地球環境を激変させてきたのであり，他方では，発展途上国と呼ばれた地域を含めて，今，世界のいたる所でモノがあふれるようになりました。……大量消費と大量生産は，人類の存続を危機に陥れるまでに生態系を破壊し，国家や社会から人々の生活のあり方までを変えてきました」と指摘する。
8）残念ながら，漁場や牧草地など共有地の資源を，われ先に取りつくし，結局は資源を枯渇させてしまう「コモンズの悲劇」を招く例は多い。
9）AFPBBNews（2011年8月7日検索）　http://www.afpbb.com/article/economy/2818612/7607244
10）1936年に，資本主義社会を描いた映画『モダン・タイムス』は機械の歯車化した人間を象徴的に表現した。
11）Goldstein, Martin & Cialdni（2009, 103-106）参照。同様にMarquardt（2004, 72）は豪華客船タイタニック号の沈没などの原因を詳細に検証した歴史家によるとその共通点として「関係者が懸念を問いただすことができなかった」ところにあると指摘する。
12）大王製紙の前会長が連結子会社から巨額の借り入れをしていた問題で，2011年10月28日，同社の特別調査委員会は，創業一族の威光は絶大で「逆

らえなかった，異論を言えない空気があった」，「資金の移動を命ずるとき，子会社では取締役といえども従うことに疑問を持たなかった」と指摘している。大王製紙ホームページ（2011年10月28日検索） http://www.daio-paper.co.jp/
13) 葛巻町(亀地，2006)や，いすみ鉄道(鳥塚，2011)の例に見るように，"なにもないことを強みに"する，更には，"ないこともあることに転換"する，くらいの強かさ，逞しさが必要といえよう。
14) 『クーリエ・ジャポン』2011年8月号，Vol.081，講談社，50ページ。
15) 競争(competition)も語源をたどると competere(ともに努力する)であり，協働(collaboration)と同義になる(Senge, 2008, 172)。相手を潰しにかかる関係でない，ともに高め合うような競争状態も想定できよう。

第3章 協奏と認識の概念化

第1節　協奏する組織の定義

　本節では，本研究における重要概念である，組織そして主題である協奏について検討を進める。まずは，本研究における組織のとらえ方，立ち位置を明確にした後，協働を踏まえ，"協奏"概念を整理する。組織については，定義，主体と組織の関係，組織観の順に論を進める。

第1項　組織概念
（1）　組織の定義

　近代組織論の祖 Barnard(1938, 75)は，組織を「二人以上の人々の意識的に調整された人間の活動や諸力の体系」とし，組織の要素として，「コミュニケーション」[1]，「貢献意欲」，「共通目的」の三つを挙げている。この三つの要素は端的に組織を示すといえよう。

　目的を中心に据えて組織を定義するのは Allen(1960, 91)である。彼は組織を「一定の目的を達成するために，人々が最も効果的に協力できるように，仕事その他の諸関係を設定する過程」とする。目的の存在が，組織を成り立たせていることをうかがわせる。

目的よりも，手段を組織化の要点とする論者に Weick(1979)がいる。Weick(1979, 90)は「人びとは最初手段について収斂するのであって目的についてでない」と明言する。Weick(1979)の着眼点は，各主体は各々の目的をもち寄り，目的を達成する手段を求めて，組織が形成されることである。この論点の核心は多様な主体の想定にあろう。主体性ある多様な主体は，それぞれの目的があり，ここからすると組織は多様な目的が存在してしかるべきといえよう。多様な目的に対して共通の手段が必要とされ，協調的，相互連結活動の中，組織が形成される．つまり主体としては"はじめに多様な目的ありき"であり，組織としては"はじめに共通の手段ありき"といえる。ここでいう手段とは，相手に貢献する何かであり，Barnard(1938)の言う，「貢献意欲」も含まれるといえよう。実用的な能力，思考や感情も考えられる。各自がもっている得意技とも言い換えられる。また，演奏家や調理人を見ると顕著なように，手段と目的の関係のあいまい化もあろう。演奏すること自体は顧客を喜ばせる手段ではあるが，演奏家にとって，演奏はそのものが楽しい，没頭する目的ともなる。過程においては手段が目的となり，その目的が次の手段となり進展していくと考えられる(図3－1参照)。

　事例として，人事系コンサルタント会社発足の経緯を見てみる。当時，シンクタンクに所属していたコンサルタントA氏は，一過性の研修などではなく，もっと人や組織が根本から変われるようなことができないかと考えていた。彼のイメージは，エンターテイメントと教育(education)を併せもったような活動，研修ともコンサルとも分類できない，名付けて「エデュテーメント」であった。

第3章 協奏と認識の概念化　*49*

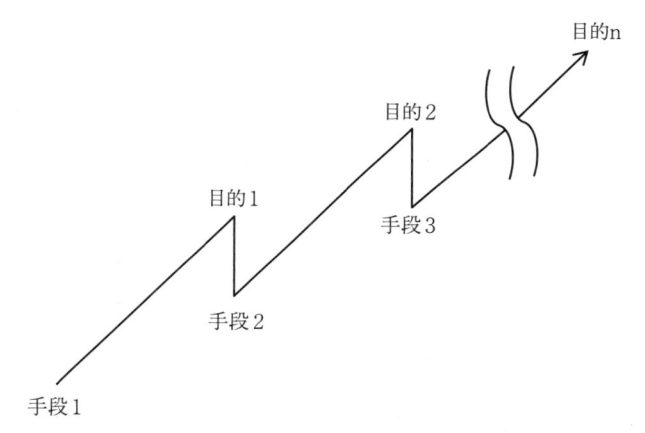

図3−1　手段と目的の進展過程

そして，そうした新しいコンセプトのコンサル会社を作りたいと考えた（A氏の目的）。その目的のため，組織変革に実績のあるコンサルタント数人に声を掛けた。声を掛けられたコンサルタントB氏は，「根本から変わるような活動」には同意見で，深く共感したものの，「エデュテーメント」のコンセプトについては，いまひとつイメージが湧かなかった。それよりも以前より温めていた，組織の行動の奥底にある感情に働きかける活動（B氏の目的）とリンクできると確信して，新会社設立に参画することとした（組織の形成）。コンサルタントAとBはそれぞれの能力に期待し，組織のインフラも整った（共通の手段）。その後，この新会社は，共通する思いはありながらもそれぞれ個性的な新メンバーを増員し（多様な目的），活動と話し合いを続ける中，徐々に構成員相互の目指すところも共有化されてきているという（共通の目的）。

また、ウェブサービスを提供する株式会社カヤックでは、同社の働き方、考え方を示すカヤックスタイルの初めに、「『何をするか』より『誰とするか』」を示している。そして、次のように言う[2]。

「何を」を最初から見つけるのは難しい。
でも、「誰と」がワクワクできるものならば、
「何を」も絶対ワクワクできるものになる。そう信じている。
だって、誰も見たことのない、新しいことをやりたいのだから。それでいい。

多様な目的が、共通の手段を求め、次いで共通の目的へと推移し、共通の目的が多様な手段を求め、多様な目的へと循環する（図3-2参照）。目的と手段の連鎖、相互影響が起きる。目的には、明確・あいまい、一重・多重、事前・事後などが考えられる。目的のあいまい性、多重性、事後性は、特に既存の繰り返しではなく、新しい何かを生み出す、未だ見ぬ未来を創造するには、大切な要素のように思える。

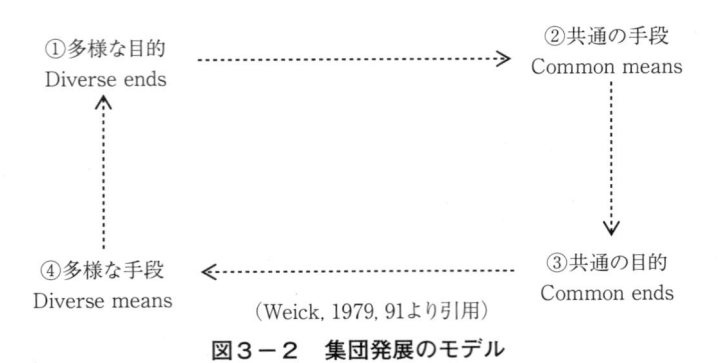

```
①多様な目的      ------>    ②共通の手段
 Diverse ends               Common means
     ↑                          ↓
 ④多様な手段   <------       ③共通の目的
 Diverse means              Common ends
              (Weick, 1979, 91より引用)
```

図3-2　集団発展のモデル

その際，所与の共通した唯一の目的ありきではないので，特に組織を形成するに至るには，似たような問題意識や自分の目的実現の手段をもった主体が，誰で，どこにいるのか，アンテナを立てておく必要がある。"大きな耳"と"見開いた目"，"行動力ある足"が求められる。また，組織化を進める中では，意思疎通のためにコミュニケーションが重要となろう。共通の目的が，無理強いによるのか心からの共感によるかは大きな違いである。コミュニケーションに関連して，March & Simon(1958, 7)は組織を「相互作用する人間の集合体であり，われわれの社会の中では，生物の中枢の調整システムと類似したものをもっている最大の集合体である」とする。相互作用の中から様々なものごとが生まれてくる生命的な躍動感(Bergson, 1979)がある。

　組織概念の含意は広く，深い。しかし，ここまでの検討により，組織には，大きく四つの要素があることがわかる。

① 人の集合

　一人では組織とはいえない。人が集まることで組織ができる。

② 目的

　この目的は，事後性や多重性もあることに留意が必要である。

③ 手段

　一人ではできない，もしくは協働したほうがうまく目的を達成できると判断して組織ができることとなる。

④ 相互作用

　協働するには互いに貢献する手段が必要になる。主体の相互作用が組織特有の関係性のダイナミズム，躍動感を生み出す。

　つまり組織とは，"互いの目的をもち寄り，共通の手段で，相

互作用を繰り返しながら共通の目的を形成，ものごとを成し遂げる集まり"とすることが可能であろう。

　以上は主に，空間軸と人間軸に焦点があてられた検討といえよう。時間軸で考えると企業は，仕入れ，加工，販売の流れとなろう。その動きを端的にとらえると，投入→過程→産出に集約できる[3]。従来型のモデルは，投入を資源とし，その代表としてヒト・モノ・カネ・情報があげられた。産出には製品・サービス，売上げや利益，ブランドや信頼，文化なども含まれよう。そして，多くの場合実務では過程よりは，産出が注目される傾向が強い。「利益を上げられなければ企業ではない」，「われわれは慈善事業ではない」等という言葉である。これは，一面の真実といえよう。

　一方，組織論の研究では先述の通り，伝統的組織論，人間関係論においても過程に重きを置いていたといえる。しかしその過程は，あくまでも，産出の手段としてであった。過程そのものを目的化するというのはどうだろう。もちろん産出を軽視するということではない。産出を，過程の結果としてとらえる考え方である。過程に焦点をあてて組織を考えたとき，投入→過程→産出のモデルに変化があるかもしれない。投入→過程→投入や投入→過程→過程の可能性も出てくる。さらに線的な因果関係を超えた，まるで細胞分裂のような，非線形のモデルも考えられる。

　関連して，Luhmann(1992, 30)は，高度な複合的システムについて「一種の工場のように投入と産出の交換として，記述することは不可能」としたうえで，次のように指摘する。

システムと環境世界との関連は，システムがその自己産出を環境世界に対し内的循環構造を通して締め括り，そしてただ例外的に他の現実性のレベルの上だけで，環境世界の要素により刺激され，揺り動かされ，振動のなかに置き換えられることを通して産出される。

　さらにこうした過程を「共鳴」としてとらえている点は興味深い。投入と産出は，単純な関係ではなく，刺激や相互作用，振動を併せた，「共鳴」が鍵になろう。投入，過程，産出の順番や全体をどのようにとらえるかによって，組織のあり方が変わってこよう。また，結果である産出に変化が現れる。しかも，量の増減より質的変化が想定できる。寄り道と思った無駄が，後から意味が出てくる，寄り道したからこそ，後に生きるといったことである。ここでも目的は，事前に設定されることもあるだろうし，事後的に形成されることもある。ある程度の目的をもってスタートし，行動をする中で目的が練磨され，変化したり，多重化，複合化したりするほうが現実的だろう。さらには，生命体を考えたとき，存在そのものに意味があるということもあろう。はっきりとした目的が不在の組織も意図できるかもしれない。

　不確定要素が多いぶん，組織にとって学習が重要となる。様々な試行錯誤の繰り返しから学習することで，組織の将来が決まってこよう。本研究は，組織の検討において，産出とともに，過程にも焦点をあてることとする。先述の通り，投入，過程，産出についてもどこから始まっても不自然ではない。様々な可能性の広がりが想定できるからである。

(2) 主体と組織の関係

　本研究にとって重要な論点，主体と組織の関係についても考察をしておく。なお，主体については次章で詳しく論ずることとする。

　Archer(1995, 1)は，主体と社会との関係について，下記の様に興味深い指摘をする。

　社会的行為主体としてのわれわれも不変ではない。我々が，何者であり，また社会的存在としてなにをなすかは，われわれが現に生活しているその社会によって影響を受けるし，社会を形態転換させようとするわれわれの努力そのものによっても，影響を受けるのである。

　結果として，主体と社会との関係という問題が，「社会学の中心問題」であることは必然的であるとする。そして，主体と社会について，一方を他方に還元する伝統的方策を「付随現象主義」であると批判する。さらに社会理論の理論化において，こうした「欠陥が再生産」され続けていると指摘する[4]。この還元問題は，繰り返されている伝統的な論争といえよう。

　まったく同じように，この論争は経営学においても見受けられる。組織を重視するか，個人を重視するかの二つの原理の論争である。Archer(1995, 6)に従えば，個人と組織の，2側面は，「合成(conflated)されるのではなく関連(related)づけられるべき」なのである。これはDurkheim(1893)の有機的分業とも類似している。

　また，「われわれ自身の役割は全体の断片ではなくて，ある意味において全体なのだ」とする，Follett(1963, 143)の意見とも符合する。Follett(1963, 143-144)は以下のように警笛を鳴らす。

「すべての人は，割り当てられた自分の特定の仕事を良心的に遂行すべきであるということを，われわれは幾度となく説教されてきたのであるが，このことは，おそらく，われわれもまた全体に対して責任があるのだということを，われわれに忘れさせる傾向をもっているであろう」

責任感や使命感などから，良かれと思い部分責任に注力することは多い。しかし，全体責任を疎かにしてはならない。Follett(1963)のここでの主張の要点は「集合責任は加算の問題ではなくて交織(interweaving)の問題であり，交織することによってもたらされる交互修整の問題である」ということである。個と全体はつながり，深く関係していることを忘れてはならない。分業は協業があって初めて成り立つし，協業もまた分業なしにはありえない。

主体は，組織から影響を受けつつ，影響を与えながら自ら変化し続けている存在である。ここでは，主体は組織に規定されるだけの無力な存在ではなく，「努力」により組織の形態生成(morphogenesis)[5]を可能にする，影響力をもつ存在である。つまり主体は組織によって，ときに規定され，ときに恩恵も被る存在であると同時に，組織そのものを変える自由をもつ「至高の工作者(sovereign artificers)」なのである。両面価値(ambivalence)を受け入れることを出発点とすることが大切なようだ。組織と主体は，従属関係ではなく，相互関係なのである。関連して"子育ては，自分育て"という言葉がある。子供はかわいいばかりではない。子育ての過程には，苦労や葛藤を伴う。子供を育てている大人が，子

供に真剣に向き合い，関わるなかで，知らず知らずのうちに自らが学習し，成熟していく。子育ては結果として自分育てにつながる。

　よい組織づくりもまた，自分づくりといえるのかも知れない。よい組織をつくろうとする悪戦苦闘の過程で，自らもまた磨かれる。喜び，悲しみ，調和，衝突，軋轢，成功，失敗，達成，挫折などを繰り返す。思うようにいかないからこそ，努力をし，工夫を重ね，智慧を持ち寄り，協働する。結果として主体は認識力に変化が起き，よりよい組織への道が開ける。主体育ては，ある意味では組織育てであり，組織育ては主体育てとなる。

　こうしてみると，個別対応が全体対応と共鳴，共振していることが理解できる。組織は，単なる主体の合計ではなく，織りなされた責任と貢献の連続体としてとらえることができる。

　また，組織という空間（空間軸）において，現在の行為者としての主体は，以前の人々の行為の産物としての社会から否応なく，影響を受ける。主体と社会を考えるうえで，時間における差異（時間軸）と主体と社会の相互作用（人間軸）の程度が鍵となることがわかる。

　西田（1966, 559）では，個物と世界は互いに包み合う関係として描かれる。「世界が自覚する時，我々の自己が自覚する。我々の自己が自覚する時，世界が自覚する」という。個物は世界の一要素でありながら，同時に自己を限定することを通して，個物において自己表現することが示される。個物の創造的行為は同時に世界の創造的発展につながることとなり，同時に世界の歴史的展開は個物の歴史的行為ともなる。主体と組織が相呼応する世界観，

歴史観が重要となろう。

（3）　組織観

　組織とは何かという定義もさることながら，どのように見るかという，組織観も重要である。なぜなら，組織観によって，対応の仕方が根本的に違ってくるからである。例えば，組織を機械とみた場合と生き物としてみた場合どのような違いが生じるであろうか。交換可能な一歯車として扱うのか，かけがえのない生命存在として処するのかには天と地の差がある。

　組織を生き物，生命としてとらえたとき，「企業は人なり」としてよく聞くのが"人的資源"を最も重要な資源として位置付ける論調である。しかし，人を最重要に位置付けようとも，あくまでも資源の一つとして捉えており，土地や資本と同列に扱う，伝統的経営管理論をはじめとするこれまでの枠組みを脱していないように思える。Mintzberg(2009, 301)は，「従業員を『人的資源』と呼べば，従業員を人間と言うより，数字として扱うことになる。言い換えれば，その人たちの存在全体ではなく，労働力という一つの側面だけ着目する結果を招く」と警笛を鳴らす。「企業は人なり」とは，至言である。本研究では，その意味をもう一歩踏みこんで，組織を人的資源の集合体として捉えない。組織は生き物なりとし，人間存在であり生成そのものの関係性として捉えることとする。本研究では，常に変化の中にあり，自らを変化させていく動的過程としての組織観が貫かれる。

第2項　協働概念の整理

　協奏概念の整理に先立ち，基礎となる概念としての協働について整理しておきたい。

　英語では，collaboration と cooperation のふたつがある。collaboration は，19世紀の後期ラテン語に由来し，col-(一緒に) + laborate(働く)から派生している。また，cooperation は，17世紀の後期ラテン語に由来し，co-(一緒に) + operate(作業する)から派生する。両者とも，ともに働く，力を合わせて何事かを成し遂げていくという意味となろう[6]。

　漢字で協と働それぞれについて見ることとする。まず，協は，力を合わせる，話し合って一致する，調子が合う，の意味がある。劦は耒を３本組み合わせた形で，農耕に協力することを表す。次に働である。働は，"人と力を重ねる"と読む。また"傍を楽にする"との読み方もある。働くのみでも，"誰かとともに"の意味，"誰かのために"の意味合いもあるのは注目に値しよう[7]。ここから貢献という鍵概念が導き出される。併せて，目的や価値観，ビジョンの存在と，それに対する権威や強制よりも，納得や共感，加えてそこに至るまでのコミュニケーションが鍵となることが想起される。中国の古典『韓非子』に「一手獨拍，雖疾無聲」の言葉がある。片手で打っていては，どれほど早く打とうとも音は出ない。相応じる者同士がいて協働が成り立つのである。

　引き続き，経営学の観点から協働を見ることとする。Barnard (1938, 65)は「協働体系とは，少なくとも一つの明確な目的のために二人以上の人々が協働することによって，特殊の体系的関係にある物的，生物的，個人的，社会的構成要素の複合体である」と

定義する。さらに組織を「意識的に調整された人間の活動や諸力の体系(1938, 73)」と定義し，組織を協働体系の一側面とする。「組織は，①相互にコミュニケーションできる人々がおり，②それらの人々は行為で貢献しようとする意欲をもって，③共通目的の達成をめざすときに，成立する(1938, 82)」とし，組織の要素として，先述の通りコミュニケーション，貢献意欲，共通目的の三つを導き出す。さらに「組織の論理をつきつめていけば，コミュニケーションが中心的地位を占めることとなる(1938, 91)」とし，組織の要素の中でも特に，コミュニケーションの重要性が強調される。

さらに，個と組織の関係について Barnard (1938, 296) は「協働の拡大と個人の発展は相互依存的な現実」と指摘する。注目すべきは，協働において，組織と個を，積極的に相互依存，相互補完する存在と捉えた点である。組織の犠牲となる個では決してない。個に閉じた場合よりも，協働するからこそ，個の学習が進む，「協働を選択する場合のみ完全に人格的発展が得られる」のである。協働という関係性の中で磨かれる，相互練磨していく，自律的な個の存在が想起される[8]。

Barnard (1938) の思考にも影響を与えた Follett (1963, 198) は「同意する関係 (consenting relations)」と「参画[9]する関係 (participating relations)」を峻別する。同意は結果であり，過程としての参画の重要性を強調する。参画を「人々の多種多様の貢献を結合する方法」と定義する。参画は，単に加わることでなく，「機能的に関係をもつこと」なのである。そうした関係のために，貢献を相互に整合 (co-ordinating) させることが提案される。そして整合のためには，「理解すること，広い心を持つこと，明示的であること」の

三つが必要だとする。協働概念につながる考え方である。

　ここで協働についてまとめておこう。"ひとりでは成し遂げられない共通の目的に向かって，意思疎通を図りながら，互いに協力，貢献し合い，ともに働く主体の集合行動"といえよう。そしてその過程での主体は，閉じこもることなく，智慧を出し合い，周囲を思いやり，関係性を大切にする社会性があることが望まれる。また，強制ではない，主体性ある集まりであることも望まれよう。循環的な，有機体の生存機会を助長するように作用する組織(Ashby, 1940)が理想となる。

第3項　協奏概念の定義づけ

　協働概念に加え，協奏概念の整理も必要となる。

　音楽は人類の歴史と同じくらい古い歴史を持つ[10]。人間の共同体のあるところには，必ず音楽があったことが知られている。木村(2005, 31)は，「歌い踊るという行為のうちに，われわれは生きものとしての人間における，もっとも原始的で根源的な形での生命の迸りのようなものを認める」と言う。音楽を演奏することは，人にとって生命へ直接的に根ざした活動であるといえよう。

　日本語での奏でるは，舞を舞う，琴などをかき鳴らす，音楽を奏する，という意味となる。平安中期に成立した『日本往生極楽記』には「音楽空に遍く，香気室に満てり」とある。真言宗の開祖，空海は，その主張の真髄を『声字実相義』のなかで，「五大にみな響きあり　十界に言語を具す　六塵ことごとく文字なり　法身はこれ実相なり」として記している。地，水，火，風，空の五大つまり，万物を構成する要素全ては生命的なリズムをもって響き，

振動するものとしてとらえられている。世界は，無数の音響に満ちているのである。協奏はその核心に響き合いがあることがわかる。

木村(2005, 29)は，演奏するという行為を次のように言う。

> それまでにすでに響いたひとまとまりの音型に一つの音や休止を付け加えてやることによって，音型をそのつど新しく作り直し，繰り返し新しいまとまりを確認してゆく作業である。この場合，直前の音や休止の確保が必要になるだけではなくて，それまでの演奏の全体をある意味で記憶しながら，この全体の中へ向かって音楽を加えていくことが要求される。

演奏とは，生命的躍動感が溢れる動的過程といえよう。その動的過程では，明確な目的が事前に確定しているというより，創造の連続態のなかで，事後的，後成的に形作られていくこともわかる。加えて，創造のためには，直前の状況とともに，全体性に対して思慮することも重要となる。時間軸での短期と長期，空間軸での絞った範囲と全体観ということになろう。「音楽を加えていく」には，俊敏な即座の関係性をむすぶ身体性，没頭，没入ともいえる集中力も必要となろう。木村の言う演奏は，一人で行う独奏よりも何人かが協力する合奏を想定して論じているように思える。

協奏曲 concerto は，英語の語源を探ると concert 16世紀のイタリア語である。名詞 concerto (合唱)，動詞 concertare (調和する)から派生する。名詞では①音楽会，演奏会，コンサート，②(目的・行動などの)一致，協力，一致した行動，とあり，動詞では①……を協定する，話し合いで調整する，②……を(協力して)計画する，考察する，とある。協奏曲は，ピアノ・バイオリン・チェ

ロなど独奏楽器と管弦楽とが合奏する楽曲のことで,独奏楽器の技巧の発揮を目的とした作品が多いが,バロック時代には複数の独奏楽器が活躍する合奏協奏曲や独奏楽器のない型もあったという。

協奏は英語では,playing together in harmony となる。14世紀のギリシア語音楽的一致の意 harmonia を語源とする harmony は,ギリシア神話における,調和を象徴する女神ハルモニアに由来する。harmony,つまり行為,思考,感情などの調和,全体の中での響き合いが欠かせない重要なポイントである。また,playは周知の通り,「演奏」以外にも,遊び,競技,演劇,飛び回るなど複数の意味がある。ここから,遊び心や楽しさを連想することができる。

ここまでを見ると,協奏でも協働と同様,「協力」,「相互貢献」,「意思疎通」,「主体性」が必要であるが,「ひとりでは成し遂げられない共通の目的」という点は事後的に行動しつつ創出されるニュアンスが強いという違いが見えてきた。また,協働には色濃く出てこない"相手や全体との調和や響き合い",そのための"全体性への思慮と部分への注視"が重要点となる。

まとめると協奏には,協働に必要な要素を含みながら,次のように定義できよう。協奏とは,"事後的に共通の目的を創出しつつ,主体同士が調和し組織が響き合う身体[11]的協働過程"である。顕著な特徴として以下四つがある。①生命的躍動感,②全体性への思慮,③集中力,④楽しさとなる。また,時間軸でとらえると,協働を経て協奏に至ると考えられよう。

協奏概念を主題として組織を検討することは,組織を生命的に

とらえ，動的，躍動的な観点から解き明かそうとするとき大きなヒントが期待される。不確実，不透明，変化の激しい環境下での組織を考える際，これまでの伝統的組織論に比べ，より多くの示唆が期待されよう。なお，協働して響き合う，音楽的語感を尊重するとき，英語表記では con-（共に）+ -sonant（響く，音を出す）を語源とする，consonant の呼称が可能であろう。

第2節　本研究で考える認識のとらえ方

第1項　認識の定義

　おおきくは，知ることとして共通する知識(knowledge)と認識(cognition)には大きな違いがある。知識とは客観的，一般的な，知られたことであるのに対して，認識は主観的であり，積極的に知ろうとすることである。つまり，認識には，主観に起因する，意志や感情，経験からの体得といった特徴があるといえる。まだ見ぬ未来に対しどう対応するかは，分析が主となる知識だけでは覚束ない。過去から現在までの動きとしての知識に対し，認識は現在から未来へ向かう仮説思考も含意する智慧に近い語感を含むといえよう。よって認識を主題に組織を考えるうえでは，主体の行為，行為から生まれる感情や学びが重視されることとなる。静態的な知識に対して，動態的な"認識"との解釈が成り立つ(図3－3参照)。

　これに関連して，Knowing[12]という概念を提示する，Cook & Brown(1999)がいる。ここでは Knowing とは，他者の知識を道具として利用しながら，世界と相互作用を続けることとされる。

単なる知識の移転とは趣を異にするモデルである。主体同士が相互に関係し合い，環境も含め相互作用することで，新たな智慧を模索する姿が想定される。

認識の根本問題を提起したものに，Berkeley(1958)の示した「存在することは知覚されることである(esse is percipience)」という命題がある。ここでは，存在と知覚の関係性がとりあげられ，Berkeley(1958)は，存在と知覚を同一視することを主張する。一方，常識的に考えたとき，存在しているものの知覚されないことも考えられる。また，知覚されない場合，存在しないという考えも成り立つ。例えば有名な問答に，「誰もいない森で木が倒れた。音はしたのか，しないのか」というものがある。その存在があっても知覚されないのであれば，存在もないとの解釈である。

関連して Aristoteles(1968)は，認識を，「現実態」と「可能態」という観点からとらえる。森で木が倒れたのであれば，現に音がしている，という「現実態」の観点がある。聞く主体の有無に関わりなく，現実的な存在としてあるということになる。

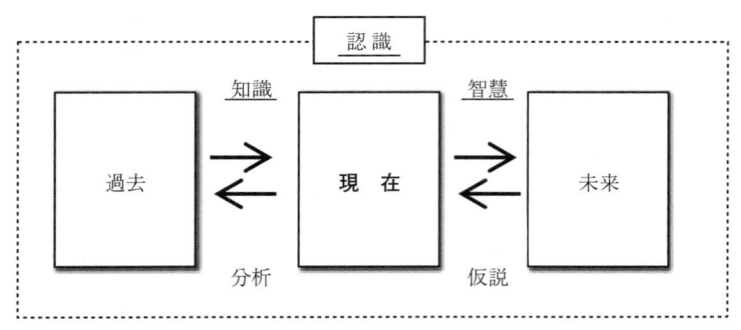

図3-3 認識と知識，智慧の関係

それに対して，聞こえる，というのは，主体の知覚にかかってくる。これが「可能態」の観点である。知覚できないのであれば，音が存在していても，聞こえることはない。ある主体に聞こえない音が，別の主体に聞こえるということが起こるのである。例えば，暗闇の中でも，時間の経過によって目が慣れ，うっすらと存在が見えてくる，または，完全な暗闇で，視覚は閉ざされていようとも，嗅覚や触覚を駆使することによって存在を認識することもあろう。主体の認識力を進展させることで，存在しないと認識していたものごとが，知覚されることもある。現時点では存在を知覚していないが，見方や考え方を変えることで，存在が知覚できるようになるということである。そうした可能性の広がりに認識力の本質があろう。認識力とは変化するとのとらえ方が重要である。

また，どのように認識するかによってマネジメントそのものが大きく変わる事例として，宿泊・飲食サービス業K社で勤務する店長と副店長の事例がある。40代後半の，入社して間もない女性アルバイトに対して副店長は，「彼女は何を憶えるのも遅い。水を出すタイミングは滅茶苦茶，お客さまからの注文を何度も繰り返す。接客に向いてませんね」と言った。それに対して店長は「自分の子供くらいの年齢の先輩から，あれこれ指示されても素直に『ハイ』と返事をしてすぐ動く。はじめより格段に良くなっているね」と言う。同じ人物に対してこれだけ見方，考え方が変わる。前者は現状の欠落点を，後者は未来の可能性を見たともいえよう。見方，考え方が変われば，自ずと処し方も変わろう。「あの人は，せっかちだ」と見ると，その人の立ち振る舞いはせっかちに見え

てくる。その同じ現象を見ても,「あの人は優秀だ」と聞いていると,せっかちな動作は,俊敏に見えてこよう。こうした偏った見方,歪んだ見方に関しては,先入見,固定観念の問題として,第4章で論じることとする。

　ここまでから,認識とは,"他の主体や空間との相互関係の中で,時間の流れとともに,人間が智慧を紡ぎ出していく過程"ととらえることができよう。また,主体が認識力を進展させることで,さらには,そうした主体同士の相互作用によって,組織にどのような影響があるのかが重要な課題として浮かび上がってきた。次項では認識の構造について見てみたい。

第2項　認識の構造

　ハンガリー生まれの哲学者 Polanyi(1966, 4)は,「われわれは語ることができるより多くのことを知ることができる」との至言から,「暗黙知(tacit knowledge もしくは tacit knowing)」の概念を示す。顔の判別の仕方や自転車の乗り方など,言葉で表現することは困難でも,認識していることは多い[13]。そして「事物の集まりが全体としてもつ意味をわれわれが理解するためには,それをながめるのではなく,その中に潜入(indwelling)しなければならない」とする。加えて「際限なく明晰さをもとめることは,われわれが複雑な対象を理解することにたいして妨げになる」と警笛を鳴らす。

　こうしてみると「暗黙知」は,単に非言語的知識という概念を越えたものといえる。つまり,直観知,身体知,体得知,技能知も含む,生命と結びつく概念といえ,本研究における認識概念を見事に表現している。

そして、Polanyi(1966, 9-13)は、その「暗黙知」の構造として、機能的、現象的、意味論的、存在論的の四つの側面を示す。要点を示すと以下のようになろう。

機能的側面(functional)
　人の顔を識別するとき、例えば目の大きさや鼻の高さなどといった個々の諸部分について感知しながら、個々に関する知識からは得られない全体に注目している。また、技能面でも、要素的諸活動から、諸活動が目指していることの実現に注目する。認識が広がることで新たな役割、機能が見えてくる。ここでは、空間軸での認識、つまりパターン認識が示唆される。

現象的側面(phenomenal)
　行為の近接項を、その遠隔項の姿の中に感知している。あるものから他のものへ注目するとき、前者を後者の姿のなかに感知している。今日の安定は、将来の不安定になることもある。わかる範囲での安定に安住することなく、不安定をあえて取り入れることも必要であろう。ここでは、時間軸の中での認識、過去の認識を手掛かりに、現在があり、未来の示唆を得ることが示唆される。

意味論的側面(semantic)
　意味を持たぬ感覚が、解釈の努力によって意味ある感覚へと変化する過程であり、意味ある感覚が、もとの感覚からはなれたところに定位される過程である。推理、推論や仮説設定能力により、文脈を解釈し、意味を見出すことが必要である。ここでは、人間(じんかん)

軸としての主体が，意味へ注目することにより感知に至ることが示唆される。

存在論的側面（ontological）
暗黙知がなにについての知識かを語り，諸細目よりなる，まとまりをもった全体としての存在となる。その存在のなかでの動的に活動がなされていることが示される。一方に偏らず，かといって単なる中点を探すのでもなく，状況によって臨機応変に動く，変化する活動である。ここでは，空間，時間，人間（じんかん），三軸が統合され，諸細目について感知しているため，全体も把握できるといえる。

以上，「暗黙知」の四つの構造を，空間，時間，人間（じんかん）の三軸からとらえ直すことによって，認識とは相互に織りなし変化し続ける動的過程であることがわかる。そして，複雑な問題は，要素還元主義的機械論に基づく合理性では解き明かせないことがわかる。

第3項　認識の変化

これまで見てきたように，認識には，変化という特徴的な性質が備わっている。狭・広，短・長，薄・濃など状況によって揺れ動くといえる。例えば，曽野(2009, 124-125)は，以下のように言う。

一生の間に，ともかく雨露を凌ぐ家に住んで，毎日食べるものがあった，という生活をできたのなら，その人の人生は基本的に「成功」だと思います。もしその家に風呂やトイレがあり，健康を害するほ

どの暑さや寒さからも守られ，毎日乾いた布団に寝られて，ボロでもない衣服を身につけて暮らすことができ，毎日，おいしい食事をとり，戦乱に巻き込まれず，病気の時には医療を受けられるような生活ができたなら，その人の人生は地球レベルでも「かなり幸運」です。もしその人が，自分の好きな勉強をし，社会の一部に組み込まれて働き，愛も知り，人生の一部を選ぶことができ，自由に旅行し，好きな読書をし，趣味に生きる面も許され，家族や友達から信頼や尊敬，好意を受けたなら，もうそれだけで，その人の人生は文句なしに「大成功」だった，と言えます。

彼女の認識の変化は，「アフリカをかなりよく知るようになってから」だという。貧しさを認識することで，豊かさを認識することができた。認識の変化があったといえる。

認識は，時間の経過，環境や主体の意志や行動，主体同士の影響の中で変わっていく，変化，高度化するものであることがわかる。

認識の変化という点で，大変顕著な例がある。仏教の開祖ブッダが出家した逸話を著した「四門出遊」である（塚本，1970）。シャカ族の王家に生まれ太子だったころ，何不自由なく暮らす中，あるとき東の門を出ると，老人に出会い，南の門では病人に，西の門では死人を，最後に出家者を見て，深く心に感じ入るところがあったというものである。「四門出遊」は後世によって作られた伝説とはいえ，ブッダは，老，病，死という動かしがたい現実を目の当たりにすることによって，認識が変化したことは事実といえよう。正に，王家という枠組みを超え出て，出家をし，新しい認識を獲得したのであろう。

関連して，青原惟信和尚に次の言葉がある。

私は三十年前にまだ禅に参じなかったときは，山を見れば山，水を見れば水であった。そののち親しく師家に見えて，悟ってみたら，山を見ると山でなく，水を見ると水でなかった。しかしいま万事が片づいてみると，山は依然として山であり，水はただ水である（秋月，1976, 127）。

　同じ山を見ても，山は山から，山は山ならず，そして山は山に戻ったという。悟りという，究極ともいえる，認識力の変化によって，同じ事象が違う風景として映ったということである。同じ風景であっても，複雑性を単純化せず，複雑なまま見ることが認識力の要諦であろう。質，量ともに変わる，認識の広がりや深まりは，後に触れる，学習概念とつながる議論となろう。

　また，変化の形態として，認識の共有がある。組織や企業にある独自の文化は，認識の共有によって成り立つ。時間や空間を共にするなかで，一種の暗黙のルールが形成されていく。そこには，単なる算術的合計ではない，乗算的関係性の中で，"共変化"する。異質だからこそ，"共変化"し，違いを認識しながらも同質化へ向かい，共通して醸し出される文化が形成される。上位への変化，下位の変化，双方とも想定できよう。

　時間，空間，人間（じんかん）それぞれの軸で整理すると次のようになろう。現実，今に集中することで，過去と未来双方を見渡す基礎ができる。時間軸での認識の広がりである。また，環境に影響を受け，また環境に影響を与え，認識が変化していく。空間軸での認識の変化となる。そして，行動が関係を形づくり，関係性の中で，認識が磨かれる。人間（じんかん）軸での認識の広がりや深まりである。

第3節　認識力の進展

　前節でも確認したように，認識の進展には，矛盾や対立概念の存在が鍵となる。単なる反応の繰り返しでは発展は望むべくもないことを心する必要があろう。対立概念は，次なるステージに向かう種であり，矛盾の度合いが大きいほど，その分の実りや恩恵も大きいと想定されよう。

　このように矛盾を二元論的に分けずに進むのは，東洋の伝統的考え方でもある[14]。その代表として禅がある。禅の主題は悟りとなる。鈴木(1990, 85)は「禅の神髄というのは人生および世界に関して新たな観察点を得ようとするのである」とする。認識力の進展を考えるうえで，その究極的な姿，禅の悟りにヒントがあるといえよう。

　悟りを表現するのに，突然の転換的悟りという意味で，頓悟(とんご)という言葉がある。鈴木(1968, 42-43)は「悟といえば必ず頓であって漸悟(ぜんご)というものはない」としたうえで，「頓(とん)思想の裏には矛盾思想がある。絶対に相容れざれるものの対立がある。今までその対立にのみ気を取られていたものが，一転して，この対立そのものが自己同一底である事に気の付く時節」を頓悟(とんご)であるとする。まさに後期西田哲学の主要概念「絶対矛盾的自己同一」と符合するところである。対立概念は，高次から眺めたとき，同一世界の異なった側面としてとらえることができる例は多い[15]。排除するのではなく，積極的に取り込み，現在の安定を否定することで，次のステージへと導かれることとなる。

この後，独自と連結，行動と内省，意識と無意識，認識力の進展を検討するうえで重要性が高いと思われる，いずれも矛盾をはらんだ三つの事項について論じていく。

第１項　独自から 連結―連結 から独自
　独自と連結という，主体と組織の問題とも通底する本質的な事項から論じていきたい。アントニオ・ガウディが設計した，"石の聖書"とも呼ばれる贖罪教会サグラダ・ファミリアは，1882年の着工から，スペイン，バルセロナでその建築作業が現在も続いている。1978年から，この仕事に携わる，サグラダ・ファミリア専任彫刻家に外尾悦郎がいる。設計図をあまり描くことなく，残さなかったガウディ，サグラダ・ファミリアを造るうえで大切なことは何かという質問に以下のように答えている。

> ガウディそのものを知ることも大切ですが，それ以上に，ガウディがいた場所に立って，彼の視点で，彼が見ていた方向を見なければならない[16]。

　ガウディの立場になって，ガウディの認識をもつこと，つまり認識を変えることで，ものごとを成し遂げている実例といえよう。変えるとは，多様性，異質性，複雑性など対立，矛盾概念の許容であり，受け入れることとなる。傲慢，自己満足，偏狭などを克服することで，時間，空間をも越えた人間(じんかん)を結ぶ，認識の変化が可能となる。
　自らが磨いてきたそれ相当の技能や考え方，いわゆる独自性をもつ自分という存在を一旦忘れ，相手になり切ってみる。いうな

れば連結し，つながりを結ぶことで，見える景色が変わってくる。連結した後に，また独自性を遺憾なく発揮する。いや以前にもまして独自性が発露するといったほうが正確であろう。独自，連結，独自，その動的過程の中で，認識力が進展していくこととなる。

曹洞宗の創始者道元の著した，95巻に及ぶ大著『正法眼蔵』[17]の核心「現成公案」中に，次の言葉がある。

　仏道をならふといふは
　自己をならふなり
　自己をならふというは
　自己をわするるなり
　自己をわするるといふは
　万法に証せらるるなり
　万法に証せらるるというは
　自己の身心および他己の身心をして脱落せしむるなり

この一節について，主に田里(1973, 49, 66-71)に従い読み解くこととする。まず『正法眼蔵』の意味するところを確認したい。「正法眼」とは，正しく事象を見る眼力のことであり，「蔵」は納めもっていると解釈できる。つまり，正しく事象を見る眼力を納めもつ書となろう。その中で「現成公案」は，「現成」とは行動の意味であり，「公案」とは完全ということとなり，完全な行動と解釈できる。行動こそ生きている証というのが主張の要点となろう。

さて，「仏道をならふ」の「ならふ」とはじゅうぶんに知り尽くすことである。仏道修行の出発点は，自分をよく知ることなのであろう。主体たる自己が確りとしていることが肝要となる。そして，自分自身をよく知るには「わするる」ことが重要になる。わするる

とは,「小我を忘れ大我に従うこと」であり,「自然の道理をよくわきまえてそれに素直に従う」ことと示される。自己顕示,自己防衛など,はからいを捨てることとも言い換えられよう。関連して内田(2007, 131)は強さについて次のように指摘する。

> 敵を忘れ,私を忘れ,戦うことの意味を忘れたときに,戦うものは最強となる。なぜなら,彼にはもはや「守るべき自我」も破るべき「敵」もいないからだ。

はからいを忘れ,自己顕示や自己防衛などを超えることそれが,本来の自己の具現へとつながるということであろう[18]。「身心脱落」も自我を捨てること,「わするる」ことである。そして,まず自らが身心脱落することで,「他己」もまた身心脱落へと導かれることとなる。

つまり,ここでの要点は,"ならふ→わするる→証せらるる",の動的過程にあり,"自己→他己→集団"との進展が見込まれることであろう。習い,忘れ,証される過程は,これこそが悟りの道筋となる。連結性と独自性の動的過程のなかで,主体の認識が他の主体ともつながりながら,進展する働きを端的に示しているといえる。

第2項 行動から 内省—内省 から行動へ

次に行動と内省について検討する。まず,行動について検討したい。身体心理学(somatic psychology)では,生物の進化の歴史を遡り,思考と行動について検討している。脳がない生物がより住みやすい場所に向け移動しつつ生きていることに着目し,行動の

重要性を強調する。動くことによって生命の可能性を広げているともいえよう(春木, 2002)。これは, 現象学, 哲学的身体論とも通じる議論である。

　行動と認識について筆者自身のエピソードを紹介したい。それは, ドイツ発祥のソーシャル・エンターテイメント「ダイアローグ・イン・ザ・ダーク」でのひとこまである[19]。このエンターテイメントでは, 言葉どおりまったくの暗闇を体験する。自分の手を目の前で動かしても全く見えない暗闇の中, ガイドが一人付き添い, 8人で場内を約90分間散策するというものである。場内には, ブランコやベンチなどがあるのだが, 暗闇でまったく見ることはできない。ガイドの促し, 自らの手さぐりや同行者の助けなどで何がどこにあるのか徐々に認識をしていくこととなる。その際, 少し歩を進めたところでガイドが「広場に着きました」と案内してくれたが, 空間の広がりがつかめず, はじめ不安がよぎった。エンターテイメントの最後の振り返り時, ガイドに目がみえず, 空間の広さがわからないことからくる不安について話したところ次のような返答があった。

　　私は目が見えたことが無いので, 空間自体がどれくらいの広さ分からないのです。ですから, まずは一歩足を踏み出してみるのです。踏み出しただけ, 自分の世界が広がります。正に皆さんが体験したように, 動くことで探究が始まるのだと思います。

　見えることに甘んじることで, 見えなくなっていることがあるのかも知れない。自らの枠を自らで作り, 自分で自分を不自由にしていないかを見つめ直すことができた貴重な出来事であった。

関連して，まず動き，失敗を修正し，また進むこと，試行錯誤の重要性を示す興味深い物語がある。フェルマーの最終定理を証明することに多大な貢献をしたことで有名な世界的数学者，谷山豊と志村五郎がいる。志村(2008, 173)は朋友であり若くして先だった谷山豊を評して次のように言う。

> 彼は数学者として非常に注意深い人ではなかった。彼は沢山の間違いを犯した。だが良い方向に間違えるのだ。私も彼をまねようとしてみて，良い間違いを犯すのは実は非常に難しいのだということを知った。

特に変化が激しかったり，先行きが不透明だったりする状態では，厳密な計画よりも，まず行動することが重要であろう。行動することで認識を広めることが可能となる。しかし，行動には失敗がつきものである。同じ轍を踏まない，失敗を生かすためには失敗から学ぶことが重要となる。学びが度重なり，深まると"失敗しなくなる"というよりは，次なる"筋が良い失敗につながる"のであろう。そのためにも内省が欠かせないものとなる。

続いて内省について概念を整理したい。reflectionの語源は，re(もとへ)- + -flect(曲げる)であり，光や熱の反射や音の反響の意で使われる。哲学では，プラトンの使った光のメタファーから始まった。光が鏡に自己を反射するという鏡のメタファーと重なり，新プラトン派のプロクロス以来，知性が反転して自己に向かう作用(intention oblique)とされる(廣松他，1998, 1298)。つまり，内省とは，まず内面に着目し，その次に外面に目を向けることにより，見慣れたものごとを別の角度から見ることと解釈できよう

(Mintzberg, 2004, 301)。同じものごとでも、内省により見方を変えることで、認識の範囲や角度、深さなど全体像が変化する。

　成人を対象に、内省を学習と結びつけたのは、ArgyrisとSchön(Argyris & Schön, 1974; Schön, 1983)に端を発すると見てよいであろう(Cranton, 2006, 9)。その50年前に内省的思考(reflective thinking)を「その人の信念の根拠を評価する」重要なものと位置付けたのが、アメリカプラグマティズムの祖であり、教育思想家のDewey(1938, 13)である[20]。内省的思考態度は「思考作用の仕事を改良し、そのとき迄の彼の思考態度によっては果たし得ない仕事をなす」とする。内省により、今までできなかったことが、これからできるようになるということであろう。デューイにとって経験とは「それ自体の中に最初に意識的に気づかれているものを遥かに超え出る意味を含む(Dewey, 1975, 41)」ものであり、「真実の教育はすべて、経験を通して生まれる(Dewey, 1938)」と言い切る。経験概念について、ドイツの哲学者Gehlen(1999, 106-107)の洞察は鋭い。彼はカントやフィヒテに代表される哲学において一般的な「経験を一種の知識とみなす経験概念」を彼は「不当に狭められた一側面」と批判する。Gehlen(1999, 108)は経験のある人を「何ごとかを形成し発揮できる人、要するに、何かができる人」とする。さらに経験を「決済の側面と活用性の側面」という両面からとらえ、「さまざまな経験の活性を保ち、それらを聞き逃したり軽率にやりすごしたりせず、現在化し活用する能力を形成する(1999, 111)」重要性を指摘する。知識に止まることなく、身体性、実効性を含意した経験概念といえる。

　そして経験を学習モデル化したのがKolb(1984)である。Kolb

(1984)は，経験学習を「経験に基盤を置く連続的変換的な過程」と定義し，学習には四つの要素が必要だとする。四つとは，具体的経験(concrete experience)，内省的観察(reflective observation)，抽象的概念化(abstract conceptualization)，能動的実験(active experimentation)である。学習とは結果ではなく過程であり，たとえ同じ経験をしても，過程によってそこから抽出される学習が異なることが示唆される。

また，内面奥深くに目を向ける，批判的内省(critical reflection)を提示したのはMezirow他(1990)である。人間の認識枠組みそのものの変容が中心課題である。信念や前提の吟味(Merriam & Caffarella, 2005, 294)が行われ，意識変容学習[21]が提示される。量的に知識を増やすのではない，幅広い可能性や思慮深さなど質的変化の側面に注目した理論といえよう。

さらに，特に本研究の副題である主体の認識力に関連が深いと思われるのが，先述のSchön(1983)の内省的実践人(reflective practitioner)の概念である。厳密で「確立した命題」としての「実証主義の認識論」に替わり，「実践の認識論」が提案される。これは「不確実性や不安定性，独自性，状況における価値観の葛藤に対応」する「行為の中の内省(reflection-in-action)」過程全体のことである。確実で矛盾に満ち，刻一刻と移り変わる状況の中で，不規則を受け入れ，その状況を行為しながら読み解き，その場その場で，即興的，臨機応変に内省を通じて学習をしている実務家の姿が示される。

経験を内省することは，人間の自然な行為である[22]。その自然な行為を意識的，継続的に行うことで学習の生成が見込まれよう。

例えば「なぜ同じような失敗が繰り返されるのだろう」,「今回の成功を再現するには何がポイントとなるだろう」というように,自らに対して厳しい問いを立て,経験を真剣に見つめ直し,時には解釈し直すことが学習につながる。経験だけでは十分ではないことが示唆される[23]。つまり,内省は,経験,考え方,感情,価値観を意識的に考慮すること(Cranton, 2006, 129)であり[24],"経験を熟慮し,意味を見出し,気づきを抽出すること"と定義できよう。経験から気づきを抽出し,学習につなげる実践的方法としての内省は,認識力進展の中核をなすことになる。

ここまで認識力をめぐり,経験,内省,行動という鍵概念があった。鍵概念の関係を整理しておきたい。前項で確認したように,内省とは,経験から意味を見出す営みである。内省には経験が先立つ,つまり経験があってこその内省となる。内省により経験の意味が見出される。その意味の見出しが,一定に定着したことにより,学習になったとみなすことができる。そして学習が行動変容[25]をもたらし,その行動が次なる経験へと連なる(図3-4参照)。

先述の通り,本研究において認識とは,"他の主体や空間との相互関係の中で,時間の流れとともに,人間が智慧を紡ぎ出していく過程"ととらえている。経験から意味を見出すのは,主観の働きであり,経験→内省→行動→経験の連なりの過程そのものを,認識力の進展過程としてとらえることができる。

なお,内省は,認識力進展における中核概念であり,具体的な方法やその効果についてもさらに掘り下げることは,協奏する組織の検討において有効であろう。第4章にて検討を進めたい。

図3−4 内省の概念図

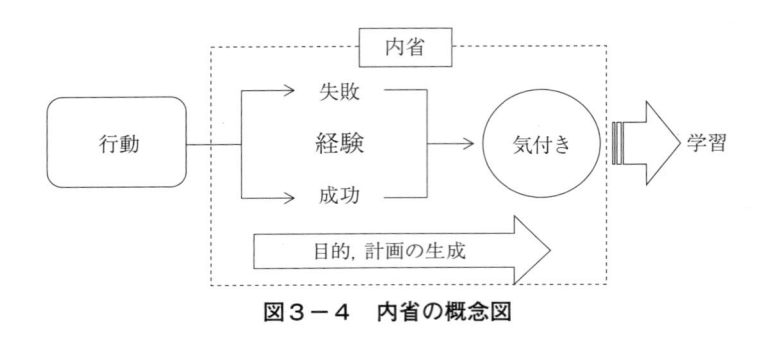

第3項　意識から 無意識―無意識 から意識へ

引き続き，意識と無意識についてとりあげる。

覚えたてで不慣れな時期は，意識することでしか行動できないものであろう。例えば，車の運転をとっても，アクセルとブレーキの位置に始まり，ギヤの入れ方，ハンドルの切り方，ウィンカーの出し方，坂道発進や狭い道での走行など，すべてが緊張感を伴って，ぎこちない行動であった。一つひとつを意識しなくては，行動できない状態である。そこで何度か運転経験を重ねていくと，次第に意識しなくとも，スムーズに流れるように，リズミカルな行動がとれるようになっていく。無意識に体が動く状態への移行となる。

さらに，難しい技術や状態に挑戦しようとしたとき，次なる意識状態へ移行する。首都高速道路での運転などである。見づらい看板に，狭く複雑な道，後続車のスピードなど同じ運転でも難易度が上がった場合，意識して注意をする行動へ移行する。またこ

の状況も、次第に習練されることで、同乗者と話したり、音楽やラジオに耳を傾けたりする余裕も出てくる。ここで運転者はまたステージを登ったのである。そしてまた、次なるステージを目指すとき、意識がはじまる。本章の第2節で既に述べたように、認識とは、"他の主体や空間との相互関係の中で、時間の流れとともに、人間が智慧を紡ぎ出していく過程"である。その力は、こうして意識から無意識へ、そしてその無意識から意識への連続体のなかで進展していくこととなる。

意識と能力という二つの観点で整理すると、初めは、意識もなく、能力もない、つまり無知であることすら知らない「無意識・無能力」状態からスタートする。やがて意識が芽生え、能力の無さに気づく状態となる。「有意識・無能力」いわゆる"無知の知"である。次に無能力を克服し意識的な有能力へ認識力が進展する、「有意識・有能力」いわゆる"習熟者"、一所懸命努力している状態である。さらには意識しなくともできる状態、「無意識・有能力」の"達人"領域に至る。

「無意識・有能力」の事例としては、次の事例が記憶に新しいだろう。2011年7月、前人未到の快挙で日本中を沸かせた女子サッカーワールドカップにおける"なでしこジャパン"の活躍である。6月27日に行われたニュージーランド戦で、先制点を決めたフォワードの永里選手は、インタビューで「感覚に任せて動いたら、体が無意識に反応した。イメージ通りのゴールだった」と振り返っている。意識を離れた境地は、既存の枠組みをはずすことにつながり、大いなる力の発揮につながるといえよう。"達人"の領域となる。関連して、世阿弥は後期の伝書である『花鏡』において、

演者の芸のレベルを大きく二つに分けて説明している。湯浅(1990, 136-139)に従って整理すると，二つとは「安位」と「蘭位(らん)」となる。「安位」は表現の技巧と内心の充実が相伴った境地となる。「安位」は更に「達者」と「上手」に分けられる。「達者」は技巧，「上手」は芸の心の面で優れた人のことである。そうした意味から「安位」は，技巧と心が分かれどちらかの偏りを示しており，身体を意識的に動かしている面が残る。「蘭位(らん)」に至ると，「安位」を突き抜けた究極の境地となる。これを世阿弥は「離見の見」と表現する。「離見の見」とは，自分が見ているという意識が消え，自分の舞を離れて見ている状態である。「見所同心の見」とも言い，観客席から自分の演技を見ている，自他同一，主客一体の境涯となる。我見を離れ，ここでは自他を区別する意識は消えている。「安位」は，「有意識・有能力」に，「蘭位(らん)」は「無意識・有能力」に対応するといえる。

さらに，「無意識・有能力」であることに甘んじることなく，次なる挑戦が始まるとき，ステージを上がった「無意識・無能力」になる。初心者に戻るのである。世阿弥は「命には終りあり，能には果てあるべからず」と言う。次なる到達点を目指し，この循環過程は続くといえよう。円環的なモデルが想定できる(図3-5参照)。

以上，認識力の進展において，重要性が高い，独自と連結，行動と内省，意識と無意識，について論じてきた。西田(1989, 7)は先述の通り「絶対矛盾的自己同一」について「ものが働くということは，ものが自己自身を否定することでなければならない，ものがなくなっていくことでなければならない」[26]という。否定とい

っても，すべてゼロリセットできるわけではなかろう。Durkheim (1893, 278) は「内省的思考は，多くの苦悩に満ちた試みから人間を解放しうる」と指摘する。過去を含みながらも，そこに安住せず，関係性の中で，変化を取り入れることで，新しい認識が生まれる動的過程が創出することとなる。

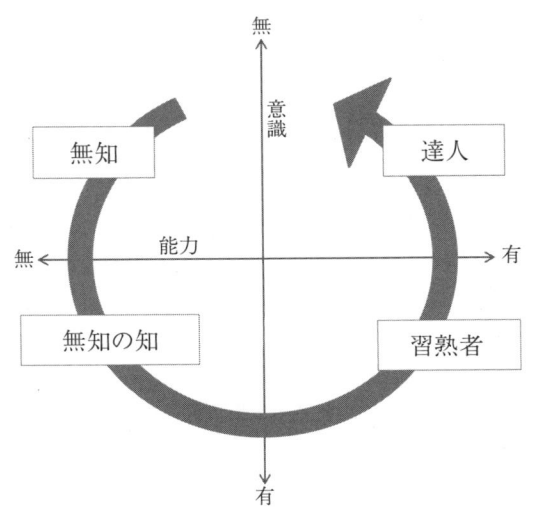

図3－5　認識進展モデル「意識から 無意識―無意識 から意識へ」

[注]
1) communication の訳に「伝達」があてられているが，伝達とは命令，連絡事項などを伝えることであり，一方的な語感が強くなると思われる。本書では，そのままカタカナ表記とする。
2) 面白法人カヤック（2011年11月11日検索）　http://www.kayac.com/
3) Whitehead (1980, 121) は「どんなタイプの存在の本性も，本質的に三つの要因を含んでいる創造活動内のその意味を関係づけることによってのみ

説明されうるにすぎない」とし,「与件,過程,結末」を示す。
4) この文脈で,Archer(1995, 1)はAlexander(1987)の「個人主義的な諸理論と集合主義的な諸理論の間の永続的な抗争は,ミクロ社会学とマクロ社会学との間の抗争として加工再生されている」を引用する。そして,「社会理論を観察可能なものに自己限定する」経験主義にその原因を求める。見えるものだけに頼るのではなく,見えないものごとを想像する力,認識を広げることが,重要であると言えよう。
5) Archer(1995, 6)は形態生成について形態と生成に分け以下のように説明する。「形態(morpho)という要素は,社会がなんらかのあらかじめセットされた形式(form)も,あるいは選好された状態ももっていないことを承認する」,「生成(genetic)という部分は,社会がエイジェンツからその形姿を獲得し,エイジェンツによって形作られ,彼らの活動の意図されたおよび意図されなかった諸結果から創出されることを認識する」。
6) collaboration と cooperation を区別するのであれば,前者が協働,後者は協同となろう。Barnard(1938)の cooperative systems は協働体系が定訳となっているが,ここからすると協同体系ということになる。
7) 障害者雇用割合が約74%の日本理化学工業の大山泰弘会長は,障害者を雇い始めた頃,施設にいれば楽ができるのに,なぜ働こうとするのか疑問に思ったという。そこで居合わせた禅寺の住職に質問したところ,以下のように言われたという。「人間の幸せは,ものやお金ではありません。人間の究極の幸せは次の4つです。人に愛されること,人にほめられること,人の役に立つこと,そして,人から必要とされること。愛されること以外の3つの幸せは,働くことによって得られます。障害をもつ人が働こうとするのは,本当の幸せを求める人間の証なのです」。
8) Whitehead(1981b, 154-155)は,進化の文脈の中で「有機体は自らの環境を創造することができる」と言い,そのためには,「ただ一個の有機体だけではほとんど無力である。それを果たすに充分な力を得るためには,協働する有機体の社会が必要になる」と指摘する。単純な個人の和を越えた,協働の可能性を示唆するものとして興味深い。バーナードの協働概念との通底が見られる。
9) 訳書では,「参加」になっているが,参加はattendであり,participateは参加よりも踏み込んだ関係を意味すると考える。よって本研究では「参画」とする。
10) Blacking(1978, 8)は,「人間はいかに音楽的か」という問いについて,「人

間の本質は何か」,「人間の文化的発展にとっては,どういう限界があるか」といった問いと関係していることを指摘する。
11) デカルトは,身体と精神を二つの異なる実体として切り離してとらえ,それはやがて心身二元論へとつながった。ここでは精神である心が主体で延長である身体が客体となる(中山,2006, 232)。一方,東洋の身体論では,心と身体を不可分なものとしてとらえる傾向が強い。湯浅(1990, 25)によるとこれは,「両者は不可分であるべきだという理想ないし目標をも意味している」という。そこでは「両義性が克服され,そこから意識にとって新しい展望」となる。東洋における心身論では,修行の過程を通じて二元から一元へと変容するといえよう。本研究での身体は東洋における身体論に準じて論ずる。つまり,精神性も含意した卓越した状態となる。
12) 原典に従い,大文字表記とする。
13) これに関連して,哲学者の中山(2006, 187)は,暗黙知を形式知に還元することの愚について,「暗黙的な知を言語的な知に還元してしまうと,そのもっていたすべての力は失われ,知としての意味はなくなるのである。この暗黙知の次元を言語的な知の次元に還元することは,文化の生命を破壊することになりかねない」とする。認識している範囲と,語りうる範囲は違う。もっとも肝心な要は,語りえない知に宿るといえる。本研究の文脈からするとそれは,知識というより智慧ということになる。
14) 河合(1967, 280)は心理療法において「西洋人はその心の領域を部分的に明確に分化させていくのに対し,東洋人は,むしろ未分化であっても全体性のほうを強調しようとする」と指摘する。
15) 一見矛盾し,対立する概念が,実は同一世界の異なった側面となる例を物理学者Capra(1979, 168)は,ドーナツの隠喩により説明する。「二次元平面である切断面上では,切断面は完全に分離されたふたつの円板であるが,三次元ではこのふたつの円板が同一物体の一部とし認識される」。加えて,相対性理論において「三次元から四次元に移行することで,外見的にはべつべつの実在が統合される」ことを指摘する。
16) 『ソトコト』(2011)第13巻第6号,木楽舎,25-27ページ。
17) 水野(1963, 263)は『正法眼蔵』について「仏教の神髄を真正面から説き明かした雄大な宗教書である。その説くところは,仏法そのものであり,『説く』その態度も,また真の仏法の具現で,道元禅師の到達した境地を,文章の上に表現したもの」と指摘する。
18) ドイツ人論理学者Herrigel(1981, 108)のエピソードがある。彼が日本に

おいて厳しい弓道の鍛錬を積んでいた際,師匠にかけられた,「悪い射に腹を立ててはならないということは,あなたはもうとっくに御存じのはずです。良い射に喜ばないことを点け足しなさい。快と不快との間を右往左往することからあなたは離脱せねばなりません」の言葉となる。

19) 日本には1999年より導入された。筆者は2011年7月19日に初参加した。
20) Dewey(1938, 13)は,内省的思考態度について,「精神の内部の思考を見出し,この問題を重視し,この問題を連続的に思考するもの」とする。内省における,本質的な深さとともに,時間的な継続性,習慣性の重要性も示唆される。
21) Cranton(2006, 203)はおとなに対する教育と,子どもに対する教育の根本的な違いの一つとして「子どもは形を作っていく(forming)のにたいしておとなは形を変えていく=変容していく(transforming)」と指摘する。
22) Krogh & Roos(2010, 47)は自己言及の文脈のなかで,「われわれが知る何かは,われわれは既に知っていた何かの影響を受けており,われわれが知るであろう何かは,われわれが今現在知っている何かに依存している」とし,「これは人間と機械の峻別をもたらす」と指摘する。内省する営みは機械との顕著な違いであり,生命の生命たる由縁といえるであろう。
23) 経験学習プロセスの研究に,松尾(2006)がある。ここでは,経験年数,経験特性,仕事上の信念,組織特性の切り口から検討される。経験,個人,組織,3側面からの検討である。しかし,内省については言及されていない。
24) Mintzberg(2004, 254)は,「学習とは行動することではない。学習とは,行動について内省することだ(reflecting on doing)」とし,「経験はあったけど,その意味がわからなかった」という一節を引用し,「『意味』を見出すために,内省をおこなう」と指摘する。
25) Merriam & Caffarella(2005, 294)は,学習にはさまざまな定義づけがなされてきたとしたうえで,ほとんどの定義に含まれるものとして「行動の変化」および「経験」という考え方をあげる。
26) 前後の関係で,「物」を「もの」にするなど一部修正を加えた。

第4章 主体が織りなす協奏の世界

第1節　主体の特性分析

　本研究では協奏する組織の検討において主体の認識力を出発点としている。主体は，個別性，唯一性，一回性を特徴とする。身体をもった主体がその生命を生き切るとき，かけがえのない，交換不可能な存在感を十全に発揮することになる。本節では主体の特性について検討を進めることとする。

第1項　好奇心と謙虚さ

　認識力の観点から主体を考えるうえで，まず大切になるのが，好奇心となる。好奇心があるから認識力が展開されるともいえる。なぜなら，現段階で見えないものを，今後見てみたい，見ることができるようになりたいという思いがあってこそ，認識力の展開が可能になるからである。好奇心は，認識力を駆動する原動力といえよう。

　ナイキのCEOパーカー・マークは，アーティストであろうとスポーツ選手であろうと，「強烈な個性をもち，何かにとりつかれたような人」に魅かれるという。彼は，九つの型破りの行動原理をまとめた。その中でもっとも思い浮かべるフレーズは，第六

条であるという。「スポンジのごとく吸収せよ。好奇心は命だが，先入観は死を意味する。周囲を見渡せ」[1]となる。正に，好奇心をもって，周囲から影響を受け，与えつつ，自ら創造的に行動を展開していく，動的な姿が浮かび上がる。開いた目と大きな耳をもって，異なった自分を創造し，変態を遂げているといえる。分厚い固定観念や先入見，閉鎖的自己を突き抜けた開放性とともに，ユーモア，楽しさも感じられる。

好奇心ある主体とは，自分の知らないことへ関心を示し，知らない人との出会いに積極的な姿勢をもつ，開いた心の持ち主であるのが特徴であるといえよう。開いた心と創造性の結びつきを指摘するのは，Blacking(1978, 151)である。

創造性には，見方の広さ，つまりミルトン・ロキーチが「開いた心」と呼ぶものが必要であり，総合する能力が決定的に必要になっている。自民族主義にあまりとらわれない，心の開いた人々は，包括的な認知機構を示し，それは恐らく，閉じた心の人々の提示する，より狭い認知機構よりも創造的であろう。

より広い認識，開いた心では，合理的に説明できない，思いつきやひらめき，直観などあいまいなままでも提起し合うことも重要となる。それは，互いに引き寄せ合う魅力ともなろう。

そして，好奇心は謙虚さと合わせることで，より認識力の展開の助けとなる。好奇心により新たに入ってきたことを取り入れ，認識を変化させるには，謙虚さが必要だからである。謙虚さの基礎は，見ているものが全てではないという認識である。知らないことがあるのを知っている，いわゆる先述の無知の知の自己認識

である。謙虚さは，未知について受け入れる寛容さと関わる。見方や考え方を必要とあれば変える準備があるということとなる。

生物複雑系の科学者Kauffman(1995, 303)は謙虚さと寛容さに関わることとして次のようにいう。

われわれができることは自分の力の及ぶ範囲で賢明であることである。われわれはつかの間，胸を張って歩んだり思い悩んだりできるが，歴史という劇の中でこれがわれわれの演じられるただ一つの役割なのである。したがってその役を，誇り(proudly)をもち，かといって偉ぶらず(humbly)に演じていくべきである。

これは，最澄が『山家学生式』に著した「一隅を照らす，此れ則ち国宝なり」の言葉とも通底する境涯といえよう。自分を賢く見せるために防御するのではなく，自分の無知や弱みをさらけ出すことができるということといえる。そして全体を見る目をもちつつ，自らの持ち場を自覚して，一所懸命に務めるということである。できそうでできないことかも知れない。まずは，誤りの指摘や，耳の痛い情報に対してどのような思いで，どのような姿勢をとるかが問われる。自己限界の自覚ゆえに，限界をフォローしてくれる他者の存在に感謝し，大切にすることも特徴となる。

併せて，謙虚さには，判断軸の存在も重要であろう。一旦受け入れつつも，全てに順応するということでなく，峻別する力が必要となる。自分に向き合い，自分の価値観やビジョンを手掛かりに，判断を下していく指針があるゆえに，健全な自信を持ち合わせることができることとなる。こうした価値観，ビジョン，指針については，次の「自分軸と他人軸」にて論じていくこととする。

現在，認識している現実世界は，自己認識の範囲に止まる。認識力がある人や組織ほど，広い範囲を見渡すことができる。高い山に登ると，今まで見えなかった風景が眼下に広がる。認識外を認識することは，実質不可能であるが，思いを馳せることはできるし，認識の外側にも現実は存在することは確かである。現在見えてなくとも，見えない世界を想像し，創造活動を通じて，見える範囲を広げていくことは可能であろう。見えていない世界を存在しないものとして，単純化するのではなく，認識外の世界もあると認識していることが重要となる。まだ見ぬ世界が存在するという認識が，人や組織を探索や学習活動に駆り立てるのである。こうした好奇心と謙虚さある主体により深く，広い高度な認識力が宿る。楽しさ，わくわく感，そしてまだ見ぬ世界の"想像"が"創造"につながることとなる。

第2項　自分軸と他人軸

　先行きが不透明，更にはよって立つ根本的考え方の転換を求められている現代，客観的事実を押さえつつ，主観に基づいた，判断基準としての自分軸の重要性が増しているといえる。そこで，主体自身が，何を信じ，大切にしているかという，主体自身の価値観に向き合っていることが重要となる。価値観とは判断の根幹をなすものごとの見方であり，基準となる。どう動くか(doing)も重要であるが，存在(being)[2]や，将来どうなりたいか(becoming)についても思いを馳せ，自分に向き合い，自分の心の奥底に抱いている価値観を確り知ることであろう。つまり，主体は自分が見えていることが必要なのである。ここからも，主体は常に内

省的であることが求められよう。

　卸売業・小売業Ⅰ社の店長は，自分軸をもつことで助けられた経験について次のように語っている。

　　部下とのトラブル，顧客からの大クレーム，次々と新しい施策を押し付けてくる割には，相談してもそっけない本社。重なる時は重なるもので，正に三重苦ですよ。その時，ふっと思い出したんです。以前研修で作り，手帳に挟んでそのまましまい込んでいた「自分軸」を。これに戻ればいいんだ。気持ちが楽になりましたね[3]。

　まずは，自分で自分のマネジャーでありリーダーになることが大切となる。セルフマネジメントは，他の主体へのマネジメント，組織のマネジメントの出発点である。決められたことをこなすのではなく，自分の力で考え行動することに関わる能力がセルフマネジメントといえる。

　自分軸があるからこそ，自己開示も，他者受容も可能となる。自分軸と，先入見・固定概念とは，思考の枠組み・判断基準という点では共通する。しかし注目すべきは，先入見では，反射的に判断基準と合わないものごとをはねつけ，拒絶，排除することになるが，自分軸では，一旦受け入れた後，選択することである。よって自分軸では，より良きことの取り入れや変化の可能性が広がることとなる。

　また，主体はメッセージの発信を通じて組織に影響を及ぼす存在である。発信というと，実務家の多くは話術論に目が行きがちだ。プレゼンテーションに関する書籍や講座は花盛りである。しかし，いくら巧みな表現技術であっても，発信主体が心底納得し，

信じていなければ相手に伝わることはない。発信力と内省力，一見つながりがなさそうな二つの力は，コインの裏表となる。自分の価値観に向き合い，磨き続ける内省の営みが発信力を高める大元になる。深く信ずることを，真剣に語りかけるという，一見当たり前過ぎることを，駆け引きなしに，愚直に，一途にやり続けることが発信力の要諦となる。

　ここでもう一つ大切なことがあろう。一見，矛盾するようであるが，自分の信ずること，自分軸を，唯一絶対と思わないことだ。これは，前項で論じた謙虚さと通ずる。自信をもって進みながらも，思い込みや独りよがりになっていないかどうか，検討し，違う意見を受け入れるオープンさが求められる。価値観や考え方は，経験を重ねることで変化していく。軸を大切にすることと，固執することは大きく違うことに留意が必要である。軸は形作られていく過程であり，固定し，静止した何かではない。つまり，自分軸には，信じる力としての"したたかさ"と受け入れる力としての"しなやかさ"の両面が必要であることを忘れてはならない。

　そして，柔軟性は，受容性につながる。受容性が他人軸を受け入れ，敬意を払う出発点である。他人軸では，すべてのものは相互に関係しあっていて，なに一つとして，単独で存在しているもの，存在できるものはないという洞察，相互共存の連鎖としての世界観が中核となる。

　自分軸が定まることで，他人軸が良く見えるし，尊重することもできることとなる。相手の考えや価値観を理解するということは，自分の考えを相手に合わせることでも，相手の考えを自分に合わせることでもない。一致が目的ではないことに注意が必要

である。一致できない現状について，情報通信業 H 社の入社10年目の社員は次のように話す。

> どうしても人間的に好きになれない人を，好きになれと言われても，嫌いを好きにというのは無理です。でもよくよく振り返って，いろんな人からアドバイスももらって，自分の方にも問題があるのはわかったんです。そして，人間的に好きになれなくとも，まずは拒絶しないことから始めました。そして時折ですが，考え方を受け入れることはできるというところに至りました。

結果として一致することもあろうが，重要なのは一致しなくとも，受け入れることはできるという実感であろう。異質性や違和感の受容は，組織にとって重要であることは言うまでもない。もう一歩踏み込めば，異質性や違和感があるからこそ自己理解も深まり，自己の存在や価値にも意味を見出すことができるのである。他人軸の存在によって，自分の中の多面性にも気づき，自分軸に揺さぶりや変化を与え，彩りや豊かさを与えることとなる。

Whitehead (1978, 25) は「現実的存在は自己同一性 (self-identity) を自己多様性 (self-diversity) に結びつけている」とする。そのうえで，現実的存在が機能することで，自己同一性を失わずに，「自己形成 (self-formation) において多様な役割を演じる」ことと，「自己創造的 (self-creative)」であることを示す。さらに「生成 (becoming)」を「不整合から整合 (coherence)」へと「変態 (transformation)」させるとする。生生流転し続ける存在としての人や組織は，その個性や独自性，アイデンティティを保持したまま，変化を受け入れ，自ら変化し続けることで，変態を成し遂げながら，動的な安定を

手に入れることを示唆する。つまり自分軸を形成する営みと，他人軸に敬意をはらい関係性を紡いでいく営みを同時並行的に進めることは，生命的な活動といえよう。自分軸と他人軸，前項の好奇心と謙虚さは，心得といえよう。心得なき技は，危うい。いうなれば，スキル倒れとなる。心と技を考えるうえで，鎌倉時代における名刀を生み出した鍛冶匠，正宗とその弟子村正の興味深い逸話がある。鈴木(1940, 66)は「正宗は彼の高弟の一人なる村正におよばぬかも知れぬが，正宗には，正宗の人格からくる何か精神的に人を打つものがある」としたうえで次の伝説があるという。

　ある人が村正の切れ味を試そうと思って，水流にそれをおき，上流から流れてくる枯葉にむかって，どうするかを見守った。刃に出会った枯葉は，どれも二つに切られた。彼は，今度は，正宗を立てたが，上から流れてくる木の葉はその刃に触れることを避けて行った。

　村正は，切る道具の技としては頂点だったといえようが，正宗は切る道具を超えたといえることができよう。心得としての本項を踏まえたうえで，次項は，技についての検討をしたい。

第3項　独奏と合奏

　Argyris(1969)は理想的な組織の特徴として，全体と部分が相互作用すること，個人が全体と関係する目的を達成し，重要な活動に対して思いどおりの影響を与えられることをあげる。同じようにMai(1981, 5)は，「あなたがあなたの独創的なアイデアを表現せず，あなた自身の存在に耳を傾けないなら，あなたは自らを裏切ることになるであろう。また，あなたが全体への貢献ができ

第4章 主体が織りなす協奏の世界　95

ない場合には,コミュニティを裏切ることになるであろう」と指摘する。主体と組織にとって,独奏(solo)と合奏(ensemble),両方が二項対立的にとらえられることなく,共鳴していることが肝要であることがわかる。

　独奏の基礎は,この世界にまったく同じ可能性を持つものは,ふたつと存在しないということである。自己の可能性を十分に発揮し,実現することにより,生命は充実していくということであろう(Naess, 1995)。関連して,道元に「玉は琢磨によりて器となる。人は練磨によりて仁(ひと)となる。何(いづれ)の玉かはじめより光有る。誰人(だれびと)か初心より利なる。必ずみがくべし,すべからく練るべし」(水野訳, 1963, 285)の言葉がある。生命の充実には,腕を磨く得意技の練磨が必要となろう。得意技をもって,磨き続けている主体が基本となって,合奏につながる。自らの技を磨くことに真剣に取り組むからこそ協奏も可能となる。

　そして,自らの技は,関係性の中で磨かれる。「いかにすれば自己の技を磨くことができるか」という問いは,「いかにすれば仲間の技は磨かれるか」という問いとつながる。事例を紹介する。

　通信情報業F社において,選抜管理職12名に対し半年30回に亘り,マネジメント能力開発プログラムを実施した。プログラムは,毎週朝始業時間前から75分行った。毎回違う経営学のトピックスを15分ほど学び,その概念を自分の経験と照らし合わせ内省し,内省からの気づきを参加者同士で共有するものであった。プログラムの終盤に差し掛かり,参加者から,「来年度,自分たちで運営するので,部下達に同プログラムを提供できないか」という声があがった。つまり,次年度,社外コンサルタントなしで,

初年度受講者がファシリテーター役を務めるというものである。具体的には3人一組になって，次年度，次の12名に対し，自分たちが受けたプログラムを展開することとした。そこで起きた顕著なことは，「仲間の成長を支援したい」という思いと行動が，「急速にそして深く自分を磨くことに」直結したということである。

つまり，ファシリテーションされる立場から，ファシリテーションする立場への転換により，意識の重点が"自己の技"から"仲間の技"へと移行した。結果として自己に意識の重点があったときよりも，急速に学習が進むこととなった。ファシリテーションする側からは，次のような発言があった。

初年度，受講してわかった気になっていました。次年度，運営する側に回ってみて，自分の理解の浅さに愕然としました。ここからが本当の勉強でした。マネジメントはしていますが，研修のファシリテーションはまったくの素人。どうやって学びの場をつくって行けばいいのか手探り状態。焦りまくりました。結局は，必死で関わってみることだと思います。参加メンバーに助けてもらいながら一緒につくってます。

また，次年度の受講者は次のような感想を述べた。

部長がここまで私たちに関わってくれることが嬉しかったです。さぼっちゃいけないなって，正直思いました。時間外に勉強して，こうやって熱心にやってくれる。初回は，75分間のはずだったところ，気づけば，180分。でも誰ひとり文句どころか感動でした。部長は，汗だくになっていました。

先述の道元『正法眼蔵』の一節，「自己をわするる」を想起させら

れる。自分を忘れるほどの関わりが,「感動」の場を生みだし,仲間と自己の技を磨くこととなった。

さらに,木村(2005, 53)は,自己を忘れる位の合奏についてその特徴を以下のように指摘する。

> ピアノとヴァイオリンの理想的な二重奏が行われている場面を考えると,ピアニストはピアノのパートを,ヴァイオリニストはヴァイオリニストのパートを分担して音を出すことはもちろんなのだが,不思議なことに二人とも,ピアノとヴァイオリンとの音が合わさって一つにまとまった音楽を,自分自身の音楽として聴いている。自分の指はピアノの鍵盤しか叩いていないのに,同時に聞こえてくるヴァイオリンの音まで,まるで自分が引き出した音であるように意識している。

演じ手であり聴き手となり,ピアニストでありヴァイオリニストであるようになる。主客一体の様相となる。独奏が合奏に,合奏が独奏になる状態である。ensemble は,en-(〜に向かって)+-semble(同時に)を語源とする。個々の演奏者は独自性を発揮しながら,自分の出す音は全体の演奏に向かって調和される。そして,やがてはより大きな,質の異なる全体の響きを共に創りだしていくのである。

関連して,ディープエコロジーの推進者である,Drengson(1995, 95)は世界を「生きた交響詩」に例える。そこでは,独自性に走り過ぎても,全体に合わせ過ぎても,演奏は味気ないものになるだろう。「関係性を重視する有機的芸術」としての組織は,個と全体という,対立的,対極的な関係を包含する。対極的だからこそ,相補的であり,豊かさや深さが加わり,より美しいメロディーを

奏でることが可能になる。つまり、自律性と関係性の双方を統合する高度な精神性と技能が要求されるのである。

これについて、Drengson (1995, 95) は「全体の流れにみずから合流することで、逆に自分自身が全体としての世界に内在するかけがえのない固有の本質的価値をもつ存在であることが新たに理解される」という。独自性ある自分の音を発しながら、全体としての調和に貢献する、自己表現しつつ、全体に彩りを加える姿が想定できる。西田 (1966, 259) が、「主体の底に主体を越えて、世界史的性質をもったものが、個性というものである」と指摘するように、自分を否定、超越することで、自分がより高度に実現できる、自分が生きる瞬間といえよう。これこそが、独奏できる主体同士の合奏となる。そうしたとき、練磨は、個人に閉じたものばかりでなく、相互練磨の"切磋琢磨"へと発展していく。創造性は開いた認知機構から生まれるといえよう (Blacking, 1978)。

また、Bailey (1981, 222-223) は、即興演奏について、一人で行うことと集団で行うことの違いを次のように指摘する。

ソロ・インプロヴィゼーションとグループ・インプロヴィゼーションとのもっともあきらかな違いは、前者にはよりはっきりした一貫性があり、コントロールもしやすいということだ。だが、これらのことはインプロヴィゼーションではかならずしも利点とはならない。むしろ不利な点として、グループなら他の演奏者がもたらしてくれる不測の要素が、ソロには不在だという点があげられる。

他の主体から得られる、ある種の矛盾や齟齬も合わさり、刺激となって即興者から創造性を引き出すことがうかがえる。異なっ

た独自性ある要素の関係性によって，新しい全体の創出，生成が可能となる。矛盾が創造の原動力になるということである。

　そこでは，傍若無人な振る舞いではなく，他者を受け入れながら自己を表現する，"関係性"に重きを置き，創造することが肝要となる。西田(1987, 320-324)は，「我々の人格的自己限定の尖端において宇宙的精神と面々相接する」と言う。「人格的自己限定」とは，自分自身の独自性を生かし，育て，貫くことの大切さを示している。その自己を貫徹する主体同士が，他との関係性の中での練磨，双方が鎬を削ることから，生まれる真の精神があるといえよう。差異や矛盾をもつもの同士の関係性がより大きなものを創出していくこととなる。

　ここまで，主体の特性分析として，好奇心と謙虚さ，自分軸と他人軸，独奏と合奏について検討してきた。いずれも現状に固執しない，変化を受け入れ，自ら変化を遂げる自在性という重要な一致点があった。どちらか一方に偏ることなく，中間でバランスをとるというのでもなく，時と場合によって変化を遂げるということである。先述の通り，幼虫が無ければ蛹がなく，蛹が無ければ蝶はない。つまり，変態とは，包摂と超越の連鎖である。この包摂と超越の連鎖が，本研究の基本的考え方である。これは，先述の通り，西田(1965)のいう，「絶対矛盾的自己同一」であり，Whitehead(1978, 21)は，「多は一になり，一によって増加される」と表現するところである。

　包摂と超越の連鎖は自己否定と自己超越，自己発見を含意している。特に自己否定は安住とは違い，混沌の真っただ中に自己を

放り込むことであり,痛みや困難を伴う。しかし,自己否定の痛みを通じてしか,自己超越はなしえることはなく,新しい自己発見につながらないといえよう。こうした包摂と超越の連鎖により,認識が変容する(図4-1)。

認識が変わることによって,同じものごとでも違って見える。目の前に広がる光景が質的に変容する。宗教的には悟りともいえる瞬間である。それまでは,認識の外にあって,気づくことのできなかった,深い意味や次元がそこに息づいていることにはっとさせられるのである。古い自分を否定することで,あたらしい自己を発見することができる。この繰り返される循環構造の営みが変態の過程そのものであり,協奏への道筋である。

また,好奇心と謙虚さ,自分軸と他人軸は,"心"について,独奏と合奏は"技"についての検討であった。情報通信業G社の技術者は優れた技術者について以下のように語った。

エンジニアとして当然スキルがなくては話にならない。スキルがあれば一定の仕事は任せられる。しかし,相手先の立場を慮るとか,

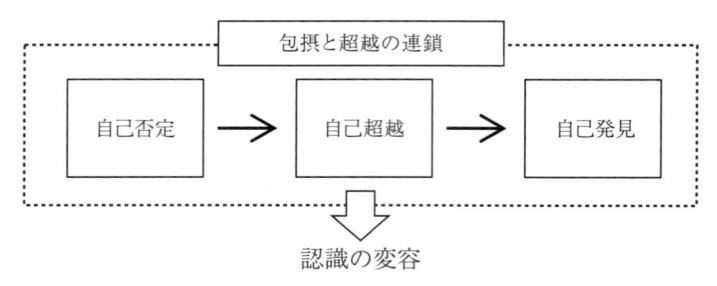

図4-1 包摂と超越の連鎖

気持ちに配慮して伝え方を変えるとかハートの部分がないとその後の伸びはない。一流にはなれないです。

協奏する組織の主体には心と技どちらも重要であることを確認することができた。

第2節　主体の認識力

認識力進展における中核概念としての内省について，前章で整理した。ここでは主体に焦点をあて更に論を進めていくこととする。特に内省の方法，内省の対象，内省の恩恵，それぞれを検討することを通じて，主体の認識力について，その本質を探りたい。

第1項　内省の方法

経験を学習へと変換する，内省の具体的方法に注目することは重要であろう。なぜならこの検討は内省をより実践的な営みへと導いてくれるからである。内省では，なにが起きたのかを考えるだけでなく，「なぜそれが起きたのか」，「他の問題とどこが似ていて，どこが似ていないのか」を考えなくてはならない(Mintzberg, 2004, 254)。それを，いつ，だれと，どのように，すれば効果的なのであろうか，順に見ていくこととしたい。

まず，"いつ"について検討する。先述の内省的実践人(reflective practitioner)の概念を示したSchön(1983)は，「行為の中の内省(reflection-in-action)」と「行為の後の内省(reflection-on-action)」のふたつを示す。特に「中(in)」を重視し，われわれの知の形成(knowing) は行為の中にあると主張する。

製造業 A 社の次長は内省が習慣化されていった過程について次のようにいった。

> 初めは，今まで内省するなんて，考えたことすらなかったですから，とにかく意識して，決まった場所でするようにしました。ひと月くらい経った頃だったか，ふっと帰りの電車の中で，内省している自分に気づいたんです。今日の部下からの相談，本当にあの対応でよかったかなって。次第に以前教わったみたいに「思慮深く」なっているかなって思います。行動中も，違う自分が，冷静に見ているように感じることもありますね。

意識的な内省から，習慣化して無意識な内省へと変わっていった。併せて，行動の後の内省と併せて，行動の中でも内省していることが分かる。本研究において，下記の大きく二つのパターンが観察された。

パターン①　内省を意識する→行為の後の内省を意識的に行うようになる→行為の中でも内省的になる。

パターン②　無意識のうちに行為の中で内省している→内省について情報が入る→行為の後でも内省を行うようになる→行為の中の内省がより強められる。

内省では追体験することが重要である。「行為の後」の内省を習慣化することで，「行為の中」においても注意深くなり，集中力が増す。追体験をより繊細に行うことができるようになる。どちら

の内省も実践者にとって有益であり,双方が組み合わさることでより統合された智慧の創出につながる。「行為の中」と「行為の後」の"相互作用"に要点があるといえる。相互作用により思慮深さが増していくこととなる。

　特に失敗経験を内省する効果について,製造業D社ITプロジェクトのマネジャーは次のように言う。

　プロジェクトが火を吹いたその時こそが,チームが大きくなるチャンス。失敗から学ぶことの繰り返ししか成長の道はないですね。

　併せてこのマネジャーは,成功ではなく失敗からより多くを学習することができる理由について次の3点を挙げる。①失敗したときは謙虚になっている,②当事者意識が高まっている,③失敗は原因が明らかであることが多い,という。
　次に,"だれと"について論を進めたい。内省とは基本的には極めて個人的な営みとなろう。確りと己に向き合うことで,今まで見えていなかったことが見えてきたり,つかめていなかった意味が理解できたりすることになる。とはいえ,経験の意味を見出す営みにおいて一人完結型ばかりでは不具合もある。狭さ,歪み,堂々巡りの三つとなる。どれだけ経験豊かな人であっても,全ての経験をし尽くしていることはあり得ない。狭さがつきまとう。また,信念や先入見,固定観念ゆえの,歪んだ見方もある。さらに,ひとりで行うのみだと,行き詰まりや堂々巡りが見受けられる。自分では自分が見えない,認識できない部分があろう。自分だけの限界について福島(2001, 160)は「懐疑や反省は,自己を観

察するという一つの観察から成り立っているが，当然すべての観察には特定の枠組みがあり，それは観察者にとっては盲点になっている。その盲点そのものは観察者にはわからないし，盲点があること自体わからないのは，ちょうど眼球が自らを見えないのと同様である。当然自己観察には限界がある」と指摘する。

そこで，他者の媒介を通じた知覚が必須となる。つまり，ひとりで行うだけでなく，他者や集団で行う内省が重要となる。そこでは，互いが内省で得た気付きを共有することと，アドバイスや感想，質問など相互にフィードバックを行う。そうすることにより，自分にとって異質な見方や意外な見方を提供してもらえる。相互に行う内省の営みが重要となる。本研究においてこれを，"協内省"(co-reflection)と呼ぶこととする。協内省とは，互いが内省で得た気付きを共有することと，アドバイスや感想，質問など相互にフィードバックを行うことである。

さらに協内省にはもう一つの側面がある。それは，経営学の理論を手掛かりにすることである。言い換えると，良質な視点[4]を入れるのである。主体自身のありのままの経験を理論に照らし合わせて，内省することが，より焦点を絞った内省を可能にすることとなる。経験は多様な意味を包含する。解釈の仕様によっては，幾通りもの学びを抽出することができよう。自由な学習という意味では，利点であるが，漠然とするという点では，欠点にもなる。そこで，多面的な経験を，理論を通じることで，ある一面に焦点を絞り，光をあてることも必要となる。認識進展の主なる目的は，智慧を育むことにある。その目的を達成するには，内省を重んじる雰囲気のある場で，興味深いアイデアや概念，理論の力を借り

て自分の経験について考えることが求められる (Mintzberg, 2004, 249)。つまり, 他者の力を借りること, 自分とは違う視点や理論に触れることで, 狭さ, 歪み, 堂々巡りなどを克服できるとともに, 内省から生まれた気づきをより深く, 豊かな洞察へと導くことができるといえる。

例えば, 製造業E社の営業部長は20年前を振り返って次のように言う。

> 新人の頃, 商談を終えた後, 当時の営業所長と帰りの車中必ず反省会になりました。所長が「今日は珍しく社長はこちらの説明中ずっと黙っていたけど, 何を考えていたんだろうか」, 「部長の頷きが浅いように感じて気になったのだが, 君はどう思った」, 「途中から早口になったけど, どうして」等々, 今思うとあの所長から内省のやり方と切り口を教えてもらいました。

こうした協内省の営みを続けることで, 深い認識や広い認識への導きへとつながることとなる。

最後に"どのように"である。ただ頭の内で考えるだけでなく, 外に出す営みが, 内省を促す。意識の内にとらえていることを表現することで, 外にある世界についての探究が進むこととなる。具体的には, 書くことと, 話し合うことが有効である (Boud et al., 1985)。書くことについては, 「書くことで, 整理が進んだ」, 「書きためたものを見返すことも内省に役だった」, 話すことについては, 「話を聞いてもらっているうちに, 思わぬことが引き出された」等の声があった。話し合う場面では, 相手が傾聴していることが鍵となる。傾聴されることで話し手はより多くを引き出さ

れる。傾聴については、質問とともに、主体同士の関係性を育み、織りなすために重要な鍵となる。この後の節で検討を加えたい。

以上のように、書く、話し合うという二つの方法により、経験を表出化、熟考・吟味することができ、新しい智慧が習得されることとなる。

第2項　内省の対象

内省の対象には、大きく三つある。①事実、②感情、③先入見・固定観念となる。

まず事実については、事実そのものを再現フィルムのようにこの場にもってくることが内省を促す。その時に実際言った言葉や情景を、具体的に表現することである。抽象化しないことで、聴き手も良く理解できる。先述のように書くことと共に、話すことで内省は促進される。内省を引き出すためには話し手は、聴き手にわかりやすく表現する必要がある。

次に感情についてである。過去に経験した事実そのものは変化しない。しかし、往々にして感情は変化することに注目したい。経験しているときには、怒りを感じていたものの、内省の際には、落ち込みに変わることもあろう。また、一つの出来事に対する感情でもいくつかの感情が複合していることが多い。例えば、部下の失敗に怒りを感じた製造業C社の営業課長は、「激しい怒りとともに、自分の指導力のなさを悔いる悲しさが混じっていた」という。

三つ目の先入見・固定観念においては、難易度が上がる。純粋な見方[5]、ありのままに見ることは、できているようで、できて

いない現実がある。例えば，先日このようなことがあった。コンビニエンスストアの出入り口付近で，座り込み，飲食をしている5人の10代後半と思われる青年達がいた。彼らのうち何人かはピアスをし，髪を明るい茶色に染めていた。店舗に入ろうとする他の人達からすると明らかに邪魔であり，自転車を止めるスペースも狭められた。彼らが去った後には，ゴミが散乱していた。大くくりで，最近の若い者，不良の集まりという見方もできる。しかし，少し丁寧に見ると，店舗に入る人に，配慮している者もいたし，自分が食べ終わったおにぎりの包装紙をゴミ箱に捨てていった者もいた。「不良」とひとくくりで片づけることで，見えなくなることがあり，彼らとの関係性が途絶え，見る側の学習も進まないといえよう。

"歪んだ眼鏡"で見れば，世の中は歪んだ風景となる。すべてまっさらにして，素直，純粋に見るのは不可能かも知れない。しかし，眼鏡の歪みを意識することはできよう。固定観念・先入見があることを意識しながら見ることで，素直に見ることに近づけることとなる。

また，往々にして固定観念・先入見通りの現実しか見ない，それを裏づける，情報のみを収集し，それをより強固にしていく危険性がある。"見たい現実しか見ない"状況である。すると学ぶほど，時間が経過するほど，固定観念・先入見が強くなり，偏った見方，考え方が固着してしまうことにもなりかねない。こうしてみると，固定観念・先入見を内省し，見直すことの重要性は極めて高いといえる。主体の認識力にとって根源的な問題であることがわかる。次節「コミュニケーションにおけるアプローチ」におい

て傾聴との関連で検討を進めることとしたい。

第3項　内省の恩恵

製造業C社の総務部門の課長は次のように言う。

> 次々に発生してくる出来事の連続に，激流に呑まれているようで，自分で自分をコントロールできないというのが本音です。

製造業C社購買部門のマネジャーは，次から次へと降りかかる業務の現状について下記のように言っている。

> 反射神経勝負のような日々で，ゆっくり考える暇がない。どこから弾が飛んでくるかわからないし，僕が避けたら，部下に当たりますからね。

マネジャーの日常生活を観察，実際の行動に着目した研究を続けるMintzberg(2009, 51-52)は，「マネジメント論の世界では意思決定のプロセスが長らく注目を集めてきたが，マネジメントで取り組むべき課題は，意思決定の結果として決まるというより，現在進行形の問題によって決まるようだ」と指摘する。マネジメントとは，互いに関連していて，絶え間なく流れ込む数々の問題に対処し続けること(Whitley, 1989, 209-225)であり，マネジャーに求められるのは問題を解くことより，窮地を乗り切ることと言ったほうがいい(Mintzberg, 2009, 51)かも知れない。Barnard(1938, 21)によればマネジャーの役割とは，「矛盾する要素，直観，利害，環境，立場，理想の調整(reconcile)をつけること」である。マネジメントは特に重責を負う分大変さは増すものの，こうした状況

はマネジャーに限らず，多くのビジネスパーソンの実感ともいえよう。

　筆者は，組織開発において週に1回，約1時間，構成員が集まって内省の場を設ける提案を行っている。その体験者の中で，内省の大切さを知り，努めて内省を習慣化するようになった，製造業A社の開発部部長は言う。

　1週間に1回"楔"を打っているような感じだ。今までは，ただ，流されていただけで，内省するという発想もなかった。この時間があるお陰で，何とか沈没だけは防げている。

また，情報通信業F社の課長は言う。

　内省を繰り返すことで，自分の課題が見えてきた。焦点が絞れてきました。部下に向き合ってない自分がわかり，部下を蔑ろにしてはいけないなと自然に思えてきたんです。

　内省を習慣化することにより認識が進展するといえよう。具体的には次の五つがはっきりと見てとれた。①主体の成熟，②先入見・固定観念の見直し，③信頼関係の醸成，④学習するコミュニティの萌芽，⑤未来への示唆となる。主体の成熟とは，認識の幅，高さ，深さに関わる。人としての"器"，度量である。そして先入見・固定観念の見直しについては，個人での内省に加え，内省での気づきを共有する，協内省が効果的である。他者と気づきを共有することで，違う考えや切り口に遭遇することになる。それが刺激となって自分の思い込みや偏りの自覚につながる。また，互いの気づきを共有する協内省では，かなり親密な人間関係が醸成

されることも注目すべき要点である。相手の考えの深い部分に触れることにより信頼関係が,自然と育まれていく。また,互いが,学習を促進し合う関係としての,共属感情を有する学習するコミュニティの萌芽にもなる。

さらに,過去を内省して,未来へのヒントを得ることとなる。アメリカの社会心理学者 Mead(1995, 150)は,「内省的行為について語るとき,われわれは極めて明確に,観念によって未来の現在に言及している。知性的動物と区別される知性的人間は,これから起きることを彼自身に対して提示する」と,人間的知性の特徴として,内省することで,未来像を形作ることを示唆する。同様に Jantsch(1980, 171)は「自己内省的思考(self-reflexive mentation)になると,経験は広範に解き放たれていく」としたうえで「生物進化で見られたように過去の経験は現在に生かされるが,さらには新しく生まれた『予想(anticipation)』の能力が,未来をも現在に生かす。現在を直接的に生きる経験の中に過去と未来が包含されることで,現在の諸関係はとても豊か(enrich)になる」とするのは重要な指摘である。

ここまで内省がもたらす恩恵についてみてきた。禅に「正」を一旦止まると読む読み方がある。動きを止め,静かに考えることで正しさを導くこともできるとの意となる。同じように,荒木(1985, 136)は,日本人の一般的な別れことば,「さようなら」をとりあげ,「元来,接続詞で,左様ならば,それならばの意」であるとし,以下のように指摘する。

日本人が古代から現代に至るまで,その別れに際して常に一貫して,

「さらば」をはじめとする,「そうであるならば」という意のいい方を使ってきたのは,日本人がいかに古い「こと」から新しい「こと」に移っていく場合に,必ず一旦立ち止まり,古い「こと」と訣別しながら,新しい「こと」に立ち向かう強い傾向を保持してきたかの証拠である。

今日という日の総括で,一旦立ち止まり内省する。明日に向け思いを巡らし,準備することで今が充実し,未来が拓けるともいえよう。また,個人で閉鎖して行う内省と集団で開放して行う協内省,二つの内省の相互作用が重要であり,それは個人から集団,集団から組織への学習への進展と重なる(図4-2参照)。

第3節 主体同士による関係性育成

協奏する組織を織りなしていくのは,認識力ある主体となる。本節では,主体同士が関係性を育成するためのコミュニケーショ

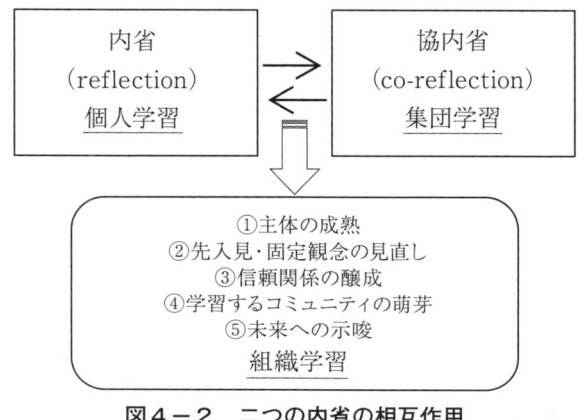

図4-2 二つの内省の相互作用

内省(reflection) 個人学習 ⇄ 協内省(co-reflection) 集団学習

①主体の成熟
②先入見・固定観念の見直し
③信頼関係の醸成
④学習するコミュニティの萌芽
⑤未来への示唆
組織学習

ンについて検討する。

第1項　コミュニケーション研究における二つのアプローチ

　ここで，主体同士の関係性育成を検討するうえで，先行研究としてコミュニケーション研究のアプローチを確認したい。おもに狩俣(1992)にしたがい，機能主義アプローチと解釈主義アプローチのふたつの観点[6]から，概観していく。

　まず，機能主義アプローチについて見ていくこととする。コミュニケーションの概念については多くの定義が表されており，一般的には，情報の伝達となる。コミュニケーションを「伝達モデル」でとらえる機能主義アプローチである。ここにおいては，コミュニケーションの問題は「組織構造における情報伝達経路の問題として議論」され，「効率指向的なコミュニケーション」達成のための「情報の正確性や迅速性，情報負荷，歪曲，脱漏，崩壊」が中心課題となる。つまりここでは，コミュニケーションとは，正確さを損ないながら伝達する手段でしかない。

　近年，このモデルを浸透させたのは，ShannonとWeaverの数学的情報理論(Wertsch, 2004, 99)であったといえる(図4 - 3参照)。

　その後，Schrammは，一方向的情報伝達を循環過程としてとらえるモデルを示した。これも「伝達モデル」としてとらえることができる(図4 - 4参照)。

　次に，解釈主義アプローチについて論をすすめる。機能主義アプローチに対し，解釈主義アプローチは，多様な価値や意味を持った人々がどのように共通の意味を形成するか，人々の相互作用によって組織的現実がどのように形成されるか，あるいは組織の

コンテクストがどのように構成されるかを分析しようとするものである。

狩俣(1992)は,「機能主義アプローチは,組織事象に対する客観性,安定性,因果性,決定論,単一性を強調する立場である。これに対して,解釈主義アプローチは主観性,動態性,相対性,主意主義,多元性を強調する」と指摘する。

言語とは,誰もが一致する固定した意味をもつ記号系であるよりも,むしろそれは変化,不一致,潜在的葛藤の場にほかならないといえよう(Burr, 1997)。

さらに,「対話」を根底にすえた立場に立つ(桑野,2002, 8),ロシアの思想家バフチン(1930)は,次のように言う。

> 記号論が好んで取り組んでいるのは,出来合いのコードを使っておこなわれる出来合いのメッセージの伝達である。ところで,生きたパロールにおいては,メッセージは厳密にいえば,伝達のプロセスのなかではじめて創造されるのである。結局,コードなど存在しないのだ(Todorov, 2001, 104)。

「機能主義アプローチ」と,「解釈主義アプローチ」の大きな違いはここにある。つまり,「機能主義アプローチ」では,意味は伝え手のものであり,変化しないが,「解釈主義アプローチ」では,伝え手と聞き手の相互作用の中で創造されるのである。変化という,あいまい性が,創造性の源泉となる[7]。

ここまで,機能主義と解釈主義,コミュニケーションにおける二つのアプローチについて見てきた。質の異なる変化が加速化し,

不確実性が高まる現在，解釈主義アプローチに重きを置く必要があるように思える。そして更には，二項対立ではなく，本研究の方法論"含んで超える"という観点からとらえることが肝要となる。

同様にバフチン(1989, 77-78)も言語哲学において，ふたつの主な潮流があるとする。「個人主義的主観主義」と「抽象主義的客観

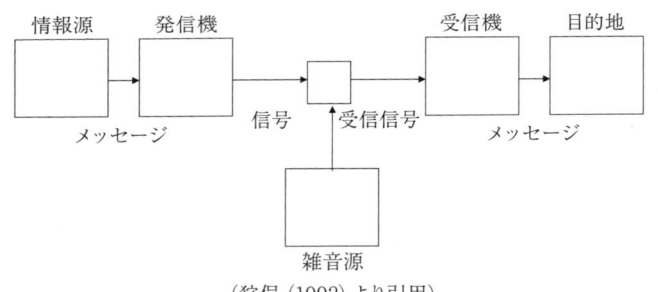

(狩俣(1992)より引用)

図4-3　ShannonとWeaverのモデル

(狩俣(1992)より引用)

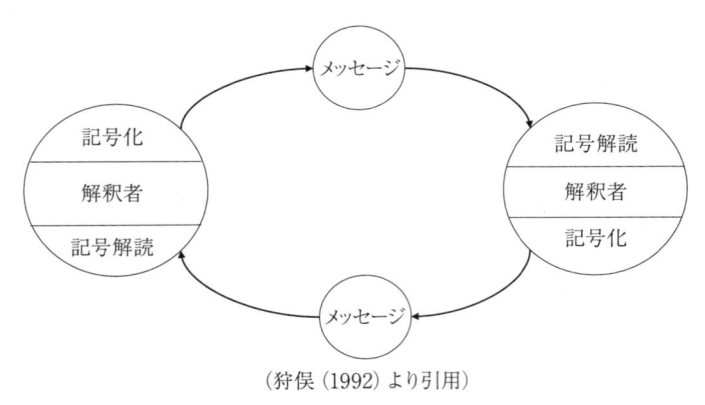

図4-4　Schrammのモデル

主義」である。前者にとって言語とは,「とどまることのないことば行為の流れであり,そこにはなにひとつとして安定し同一のままにあるようなものはない」とし,後者は「流れの上にアーチを描いた不動の虹」であるとする。ここまでの議論から,機能主義は後者,解釈主義は前者に対応するといえよう。そして言葉の真の現実は,どちらかではなく,両者の弁証法的ジンテーゼにあるとし,「言語とは,話し手たちの社会的な言語活動的相互作用によって実現される絶え間なき生成過程である」とした。

確かに弁証法的に統合を目指す営みは貴重である。しかし,行き過ぎは禁物であろう。第三の道を求めるつもりが,無理な合意になる危険性もはらんでいることへの注意も必要となろう。合意を求め過ぎることは,異質性を無理に同質性へと平準化することになる。無理な平準化は,反発を生む(Follett, 1963)とともに創造の芽を摘むことになる。

コミュニケーションとは,どちらかが,どちらかに与えるものではなかろう。Jantsch(1980, 203)の指摘するように,「認識領域ないし心が,相手のシステムの自己提示によって再編成され,同時に相手の対応するプロセスも再編成されることから生まれる」ものである。相互作用によって,認識が再認識され提示か再提示される過程そのものであり,「自分自身の生の提示」にほかならない。

次に対話と会話という観点からコミュニケーションを見ていくこととする。これは,弁証法的統合とともに,矛盾を把持する新しい試みへの挑戦となる。

第2項　対話と会話という立ち位置

　コミュニケーションの中にはいくつかの類型がある。一般的なものとして討論(debate)，議論(discussion)，交渉(negotiation)，対話(dialogue)，会話(conversation)等があろう。まず，討論と議論について見てみる。debate は13世紀のフランス語の戦う，debatre を語源にし，de-(強意) + -bate(打つ)となる。また，discussion は，14世紀のラテン語 discussus を語源とする。

　dis(分離)- + -cus(ゆさぶる) = 言葉をゆさぶって粉々にするとなる。討論，議論とも良い悪いや，勝ち負けを決したりする，争う語感が強い。また，negotiation については，neg-(ない) + -oti(ひま)-ate(させる) = 一息入れるひまがないとなり，立て続けに言葉を出し，思慮深さや熟考とは遠い語感である。そこで，本研究に関連が深い，内省による気づき共有の方法として有効と思われる，対話(dialogue)と会話(conversation)に着目し，検討することとする。

　初めに，対話について検討することとする。哲学の観点からするとソクラテス，プラトン，アリストテレスによって練り上げられた対話とは，互いに異なる(ディア)論理(ロゴス)が開かれた場でぶつかりあい，対決を通じてより高められた認識に到達しようとする運動である(廣松・子安他，1998, 1025)。また社会心理学者の Gergen(2004, 219)は「ある種の対話は，変化や発展，新たな理解を生み出すこともある」と指摘する。自己創出の文脈の中で Jantsch(1980, 206)のいう真の対話(a true dialogue)「以前にはこの世に存在しなかったような新しい知識を，積極的に組織化(organization)していく」とも通じる。

　経営学に目をやると，管理論史上バーナードとドラッカーに重

大な影響を与えた(三戸, 2002, 97) Follett(1963, 198)は対立(conflict)を戦いではなく相違(difference)ととらえる。その解決方法として, 第2章(40ページ)でもふれたように, 次の三つを示す。抑圧(domination), 妥協(compromise)そして第三の道としての統合(integration)である。統合は, 両者が満足する発明を伴うものである。日本に古来よりある「守破離の思想」(藤原, 1993)とも通じるものである。これは弁証法的考え方であり, 弁証法(dialectic)の名詞形が対話であることとも符合する。対話には違ったことの統一, 統合に要点があるといえる。

次に会話について検討する。会話は, con-(一緒に) + -verse(回る)を語源にする。あらかじめ決められたシナリオがない, 変化を取り入れつつ動的に回り続ける姿が想起される。

関連して, Weick(1998, 543-555)は優れた組織のヒントを「即興こそ命」のジャズに見出す。予期せぬ出来事が常態の中で演奏を成功に導くのは, 音楽的なパターンの奥深い理解, 集中した傾聴, 仲間のミュージシャンの行動に対する反応能力, に支えられているとする。そしてそこでは, 誰かひとりがリードするのではなく, 全員がリードするという。同じようにWeick(1998)の文脈をとらえて「ジャズは会話にそっくりである」と指摘するのはWestly et al. (2006, 153-154)である。彼らは社会起業家の成功事例を「即興演奏のようなコミュニティの反応だった」とする。成功の要因は「ひとつの目標を目指し, パターンが現れるのを観察する心構え, 自分の直感と他者の直感両方に対する注意深い傾聴, そうした個人同士の相互作用」にあったという。

また, デリダの脱構築とともに20世紀哲学に総決算を迫る, ア

メリカの哲学者にローティがいる。Rorty(1993, 437-438)は，2つのロゴスが弁証法的に統一され，唯一の真理へと到達するための方法としての対話と対比して，会話概念に注目する。「客観的真理を発見することより会話を継続させる」ことを哲学の目的とする。そして人間を「正確な記述が可能であることを期待する存在」というより「新たな記述を創造する者」ととらえる。異質との出会いや，交わりの中で無理に統一せず，共に生き続けることに重きを置くのが会話の特徴である。異質や矛盾を把持し，統一，統合を求めない点が対話との大きな違いとなる。これは，苦しみから逃れて安易な道を求めるのではなく，悪戦苦闘する修羅場に働き続けることに真理を見出す大乗的菩薩道とも一致する。亀井(1983, 36)は菩薩の精神と矛盾の重要な結びつきについて次のように言う。

> 矛盾は永続するだろう。矛盾なしに人間は生きられない。それはわれわれ人間を永久に不安な状態におくことである。しかしこの不安な状態が人間の実際の状態であって，菩薩の大乗精神とは，不安そのものの中に充満している生命力に没入することだと言ってもよい。

会話には統一できるかも知れないし，できないかもしれない，という謙虚さ，自由さが宿る。ただそれは安易な道でないことに注意が必要であろう。

対話と会話，どちらも単なる情報の伝達や交換機能ではない。新しい何ものかの創造を目指している点が共通している。対話には目的志向があり，会話には継続志向がある。組織論の泰斗March & Olsen(1986, 124-125)は，「目的，首尾一貫，合理性にあまり固執しすぎると，新しい目的を発見する能力を狭めてしまう」

とし,「遊び(play)」の要素を加えることを提案する。事前決定的に偏ることなく,矛盾や混沌,未知の中で不安定な状況を楽しむような,ゆらぎ,あいまいさなどの要素を忘れることなく進むことが肝要であろう。楽しみつつ進みながら,徐々に事後的に目的が明らかになってくることもある。特に本研究の主題,協奏する組織には,厳しさの中にこうした余裕も必要なのであろう。

　子供の教育が形を作っていく(forming)のに対し,大人の教育は形を変えていく(transforming)のだ(Clanton, 2006, 203)とすれば,長期にわたる相互的なプロセスであり,内発性が要求される。対話と会話を二項対立でとらえるのではなく,対話的会話,会話的対話また,対話と会話の場面によっての使い分けが必要であろう。それはちょうど,右足と左足を交互に出して歩くことに似ている。止まっているという静的なバランスをあえて崩すことによって,動的な次なる次元のバランスを生み出しているのである。下位の不均衡は上位の均衡を生み出す基になり,上位の均衡はまた次なる不均衡へと続いていく動的なモデルが想定される。対話と会話という相矛盾することの把持,組み合わせを行うことによる次なる次元の創出は,本研究における方法論,"過程"と一致するところとなる。

第3項　関係性育成における要点

　スターバックスコーヒージャパンでは,「大事な会議の時ほど,認識を合わせるために,まず初めに,コーヒーを飲む」[8]という。コミュニケーションによって,合意点を探る営みは異質性を受容し,多様性を生かすことにつながる。関係性育成においてコミュ

ニケーションを重ねていくことは重要である。相互作用により,相互理解や相互信頼の生まれる可能性も高まる。そうしたとき傾聴と質問,フィードバックが特に重要な要点となる。なぜなら,先述の通り,書く営みとともに,話すことが内省を促進するからである。傾聴,質問,フィードバックには,聴き手,話し手双方から,より潜在的な能力や気づきを引き出し,智慧を紡ぎ出す働きがある。それぞれについて見ていくこととする。

(1) 傾聴

　ゲシュタルト・セラピーの専門家である鈴木(2005, 128)は傾聴について「『あなたの話を傾聴しているあいだは,私にとって,世界中であなたがもっとも大切な方です』という,明確な覚悟を持ち続ける必要がある」と言う。傾聴とは事実だけでなく,その奥にある本音さらには,感情を全身全霊で聴き切っていくこととなる。表面上の言葉を聞いても,表面に現れていない本音や感情を聴き取っているかは疑問である。これに関連して,東海道新幹線における車内改札について調査を行った。既に東北新幹線では廃止されている車内改札を仕事や読書,睡眠を中断されるなどの理由から,快く思っていない利用者は多い[9]。東海道新幹線の車内改札を不快に感じている,月1回以上利用者5名に依頼し,車内改札に巡回して来る乗務員に対し,「なぜ改札をするのですか」という質問をしてもらった[10]。乗務員の答えは「紋切調に」決まっており,のぞみ号の本数の多さから発生する乗り間違いの告知と乗り継ぎの案内であった。多くの乗務員は「愛想が良く」,「親切心を感じる場面もあった」という。しかし,ここで重要なのは,顧

客接点での表面上の愛想ではない。"見えない"メッセージを聴き取っているかどうかである。表面上に現れていないが，本当に伝えたいのは「煩わしいから止めて欲しい」という要望であり，「他の新幹線でできて，なぜ東海道新幹線ではできないのか」という苛立ちであった。

　この事例のように，表面上の言葉に囚われ，本音や感情を聴き取れていないことは多い。さらには，本音や感情に加え，相手の価値観を聴き，感じ，理解し，尊重することであろう。"尊重する"の意味の respect は re-（振り返って）＋ -spect（見る）＝人としての価値を認めることが本義となる。確りと見ることは，相手の理解と受容にとって重要な要点であろう[11]。

　製造業Ｄ社のマネジャーは傾聴の効果について驚きとともに次のように語った。

　コーチングの研修などで傾聴の大切さは教わったし，頭では理解していました。でも良く聴くように心がける程度でした。あるとき，なかなかうまくいかない部下に対して，全身全霊で聴き切るということを本気でやってみました。本当に驚きました。傾聴するだけで，相手が変わったんです。やる気を出してくれたんです。この体験で傾聴の凄さが心底分かりました。

　傾聴にはこのように相手や場を変える力があるといえよう。そして傾聴とは多様な価値観の存在を許すことにつながる。多様な価値観の存在は，組織の活力に通じることとなる。一定の方向性やビジョンの発信とともに，押しつけるのではなく，相手や組織の状況を見て，感じて，慮ることで，組織は受容性の高い安全，

安心の場となる。

　親身になって耳を傾ける傾聴について，その重要性を否定する人はいないであろう。しかし，実行することは難しい。なぜなら思い込みや先入見，固定観念が自分なりの現状認識を作り出し，そこに強く固執し，そこからしか，ものごとを見ていないことがほとんどだからである。相手に対して自己開示を求めるが，こちらは閉じている場合も見受けられる。そして，往々にして，そうした先入見や固定観念の存在すらわかっていない場合も多い。先入見や固定観念は，認識過程を歪める原因となり，重大な問題である。先入見(prejudice)とは文字通りpre-(前もっての) + judice(判断)であり，他の意見を聞き入れずに，あらかじめ判断していることを示す。固定観念(stereotype)とはstereo-(固い) + type(型)であり，固まって変化しないことを表している。よって傾聴についての検討は先入見や固定観念についての検討が重要となる[12]。

　先入見とは判断の基準，思考の枠組みであり，それなしでは何も判断ができないとも言えよう。さらには，時代や社会，文化も勘案するとき，先入見を完全に超えるというのは知的傲慢といえるかもしれない(Gadamer, 1986)。

　しかし，思考の枠組みが歪んでいれば，その歪み通りにものごとは見えてしまう。そして，先入見が強ければ強いほど，その先入見にそぐわないことは，拒絶されることとなるのも事実である。つまり他から意見や情報を聞き入れられないこととなる。それぞれの先入見をもった者同士が集まり，先入見に合致しないことは拒絶，排除し，先入見に合致することだけを受け入れているというのが，少なからず繰り返されているコミュニケーションの現実

であろう。先入見は本人といわば一体化しているので気づくことすら難しい。とはいえ，先入見の存在を意識することはできよう。そして，自分の先入見に合致しないことを反射的，即座に判断を下すのではなく，一旦保留して見ることが重要であろう。保留することの有効性について Schein(2002, 284) は経験的に次のように言う。

> 誰かの発言によって私が気分を害したときに，私には①自分の反応を声にしてあげるか，②成り行きに任せる(それによって自分の反応を保留する)かの2種類の選択肢が純粋にある。もしも重要なポイントが誤解され，誤った解釈がなされているのに気づいた場合，保留の態度を貫くことは特に難しい。それでも保留していれば，会話が進展して問題が明らかになったり，何が起こっているのであろうかに関する自らの解釈が，積極的に介入せずとも追認されたり，変化することが何回もあった。

関連して，仏教にある修行法，「止観」とも通じる。「止観」とはインドに由来する，精神を安定させる修行法である。「止」は心の働きを静めること，「観」はそうして静められた心で対象を観察することである[13]。

先入見は，誰しもがもっている。反応的に行動する前に，一旦歩みを弛める余裕が，思慮深さといえる。先入見にこだわり，支配されているうちは，過去の枠組みの中だけの発想，判断になり，その枠組みはますます固くなり，他を寄せ付けなくなることにもなる。過去の再生産，堂々巡りにもなりかねない。

無理に一致を求めなくて良い，絶対の真理は存在しない，時と場合によって変化し文脈に依存するくらいの立ち位置が丁度良い

といえよう。時にはコミュニケーションが成り立たないほどの異質性は、自らの認識を見直すきっかけとなる。時と場合によっては認識を修正したり、改めたり、深めることができるのである。"相手の立場に立って見る"ことは認識の豊かさ、成熟を意味する。矛盾や異質性、違和感をいきなり否定しないで、少しの間そっとしておき、そのまま把持しながら進む、"会話的に"共に生きることに重点を置くのである。多なる声の重奏から、新しい創造が生まれる可能性を否定してはならない。違いに対する感受性をより細やかに、より鋭く研ぎ澄ますことが重要なのだろう。違いを認め合い、無理に同一化、統一化することなく進むことである。

それには、一呼吸置き良く観察するとともに敬意が鍵となる。単なる無反応とは趣を異にすることに注意が必要である。保留の後は、判断をそのまま保留して進むこともあろうし、受け入れられるところは受容することも必要となろう。少し枠組みをゆるめてみることも大切であろう。今まで固執していたこだわりを手放すことで、新しい考えや、異質なアイデアが入ってくる。"相手の立場に立つ"という、言い古された言葉の奥深さが迫ってこよう。今までとは違う切り口、思いもよらなかった解決策が生まれてくる可能性も高まる。新しい切り口への転換は、新しい、行動や試行錯誤への道につながろう。

ここまでの検討をまとめると、排除→保留→受容→行動の進展となる。そして同時に過去の再生産の繰り返し→新しい発見→新しい切り口への転換→新しい試行錯誤と同時並行に進むこととなる(表4－1参照)。

こうした先入見の議論は、戦略にまで進展する。ある地域のケ

ーブルテレビ局である情報通信業H社において次のような事例があった。近隣の都市全体をカバーするネットワーク通信の受注コンペにおいて同社は，自社の強みで，理念でもある，「地域密着」を前面に打ち出し，地域居住者に喜んでもらえるローカル番組をはじめとする有線サービスの提供を重点に提案を行った。しかし，コンペの結果は敗退であった。この都市は海岸沿いの工業地帯を抱えており，工場就労者や研究者など，地域居住者の4倍の昼間人口があった。後からわかったことだが，市長の一番の関心は，その工場関係者達に向けられていた。市の希望は，ワイヤーレスサービスであり，地震や災害時の情報提供のサービスであったのである。今までの成功体験から，地域に根ざしたサービスを自分なりに解釈し，そこにこだわってしまった結果の敗退であった。H社はこの失敗に学び，その後，顧客の立場に徹底することと，多方面から考えるということを提案の出発点にするよう戦略転換を図った。結果新しい提案ができる体質になりつつあるという。

　包み隠さず真意を明かすという意味の，"腹を割って話す"という言葉には，単にこちらが言いたい本音を一方的に伝えるのではなく，互いが，先入見の枠組みに割れ目を入れて，外気を入れることともいえそうだ。先入見に踏み込むことで，変化が現れることに注目が必要であろう。ここまで見てきてはっきりわかるように，傾聴の核心は先入見への処し方といえよう。さらに先入見は，引き続き検討する質問，フィードバックにも通じる根源的な問題となる。

　関連して，禅に「不立文字」という言葉がある。これは文字を立

てず，つまり文字，知識に拠らず，実践を重視せよという意味になろう。一方，文字が立たずとも読める。こちらは，真理は文字にすることができない，表現を超えているとの意味になる。傾聴とはこだわりを捨てて，文字にできないものごとまで，聴き切っていく覚悟であり，そう易々とはできない厳しい営みといえよう。個々人が謙虚さを持ち，自分の確信を一旦保留し，自分はつねに正しいという思いから離れることが根本である。ここから傾聴に根ざした新しい協働の形，協奏が見えてこよう。

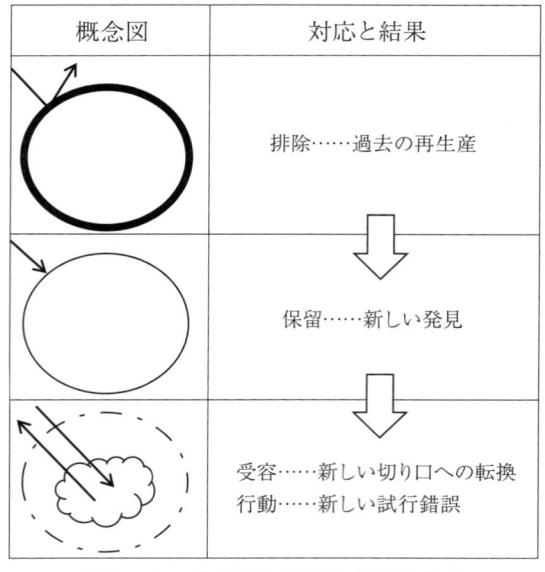

概念図	対応と結果
	排除……過去の再生産
	保留……新しい発見
	受容……新しい切り口への転換 行動……新しい試行錯誤

表4-1　先入見に対する対応と結果

（2） 質問

　質問について検討する。大手半導体メーカー，エヌビディアのCEO ジェンスン・ファンは「的確な質問をすることで，その問題の核心が何かを知ることができる」[14]と，質問の重要性について指摘する。どれだけ有能なトップであっても，不確実性の高まる中，正解をもっているわけではない。常に，最適解を探し続けている必要があろう。

　質問(question)は元々探求(quest)が語源になっている。不透明な時代，正解が目まぐるしく変わる時代に，未知なる世界を共に探求することが，質問力の本質といえそうだ。全体に目を向け，多様な視点を入れるには，積極的に問いを投げかけ合うことだろう。先入見を一旦保留して，新たな可能性を探そうとする姿勢は重要である。なぜなら見えているのは，全体像ではないことがほとんどだからである。

　そこで主体としての質問力の要点は，相手の気づきや学習を促すことを目的の焦点に絞ることになる。ここでいう質問とは，自分の知りたいことを聞くため興味本位にするのではないことに注意が必要となる。例えば，顧客からのクレームを報告したメンバーに対して，事実確認に終始したり，なぜを連発して詰問したりして，糾弾するものでもない。本人も気付いていない，より深い原因の解明やその出来事からの学びを導き出すことが質問の機能となる。

　ブレインストーミングというミーティングの手法は一般的であろう。文字通り，脳に嵐が起きるが如く，"バカな考え歓迎"で次々とアイデアを出していく，拡散型の会議手法である。筆者は時折，

質問のブレインストーミングを薦めることがある。製造業 D 社の戦略会議において,「部内の意識統一がなされていないのが問題」という課題について行った[15]。参加者は管理職6名であった。課題を提示したメンバー以外の参加者が,次々と質問を出し合った。その場で質疑応答はせず,とにかく質問を出してみることに集中した。10分間で出されたのは次の質問である。

> なぜ意識を統一する必要があるのか,統一した結果何が得られるのか,統一されていないと思う根拠は何か,意識とは何を指すのか,意識は統一できるのか,何に統一するのか,全体とはどの範囲か,共有のミーティングの場は無駄だったのか,手段の問題か,意識とは存在価値のことか,統一されて嬉しいのは誰か,意味は何から生まれるのか,はっきり示されているか,今あるウエイだけでは不十分か,統一された状態とはどんな状態か,統一がうまくいっている組織は在るのか,統一は個人の当事者意識より優先されるのか,これまで統一できた経験はあるのか,全体の前にチームでは統一されたメンバーの行動は変わるのか,意識と戦略は違うのか,統一されると幸せか。

問題を提示したメンバーは,質問にはその場では答えず,その後はっとさせられた質問をとりあげ,答えてもらうようにした。

こうした質問の効果として大きく次の3つがあろう。まず,気づきの促進となる。質問された瞬間を思い出したとき,一方的に講義を聞いているときとは明らかに,脳の働きが違うであろう。われわれは,質問により,脳にスイッチが入ったように,思考をめぐらす。質問されることで,考えるきっかけになり,気づきや学習が促進される。製造業D社の次長は質問が自分にもたらすことについて次のように言った。

とっさに答えられない質問が来たとき，自分の考えがそこまで及んでなかったことがわかった。そして，自分の頭にない言葉をもらったとき，発想の転換をすることができた。

鋭い質問，意外な質問によって，主体の限界を越え出ることにもつながる。そして，質問は時にかなりの厳しさが要求されることもある。道元が，宋の国へ留学中，座禅の道場で古人の語録を読んでいたとき，次のような問答があったことが，『正法眼蔵随聞記』に記されている（水野訳，1963, 179-180）。

「なにの用ぞ。（語録を見て何の役に立つのか）」
「郷里に帰ツて人を化せん。（国に帰って人を導くためだ）」
「なにの用ぞ。（それが何の役に立つのか）」
「利生のためなり。（衆生に利益を与えるためである）」
「畢竟じて何の用ぞ。（結局のところ何の役に立つのか）」

道元は，「究極のところ何なんだ」というぎりぎりまで迫る，厳しい僧の問いかけにより，己の為していることの意味を深く内省することになった。視点を広げ，深め，自分すら気づかなかった潜在的な視点を引き出すことになった。いままでの自分の常識を捨て，後に「一生参学の大事を明らかにしえた」という。筆者自身，あの問いが，集団をひとつ上のレベルへと昇華させた，踏み込んだ質問が，踏み込んだ答えを引き出したという経験を幾度もしている。

次に，行動へのコミットメントである。問題が発生したとき，往々にして，意見を出し合って，解決策を探す。そこで意見を質

問に,解決策を問題の原因究明に置き換えるのである。解決策に行きたい気持ちを抑え,多面的な質問により問題の本質は何かを探ることで,問題の浅いレベルの解決策の羅列ではなく,より的を射た解決策を導き出すことが可能になる。加えて,質問を重ねるという過程を経たことで,同意に近づいていることから,より行動へのコミットメントが高まることとなる。

　最後に,関係性の改善となる。質問をするということは,関心があるというサインとして伝わる。「愛の反対語は無視である」という言葉がある。あなたに関わりたいという働きかけは関係性の改善に寄与することとなる。質問することで聴く態度を引き出すことになるので,相互の関係性は深くなる。また,見逃されがちなこととして,衝突の緩衝装置としての役割も重要である。見解の相違があったとき,いきなり「私は賛成できません」,「まったく違う意見をもっていまして」と言うより,「その根拠は,どこにあるのでしょうか」,「その結論に至った経緯を教えて頂けますか」と質問に替えることで,一致点と相違点を明らかにすることができる。結果歩み寄りの糸口を探すことができよう。さらに,多人数で質問を重ねる場合,他のメンバーからの意外な着眼点,質問を出す努力そのものに対する感謝の念も生まれる。一対一の関係を超えて,組織まで広げて考えると,チーム構築にも効果が見られる。

　積極的に問いを投げかけ,いままでの決まったパターンや常識を脇に置いて,新たな可能性を探そうとする意欲と好奇心を示すことが重要となる。質問は先入見への挑戦ともなり,質問の観点からすると,主体を発見の旅を続ける探究者,求道者としてとら

えることができよう。

(3) フィードバック

　自分では見えないこと，わからないことは沢山ある。先述の通り，自己観察に限界は付き物となる。だから，他の人から教えてもらう必要があろう。フィードバックとは，他の人に鏡になってもらって，その人の鏡に自分がどのように映っているのかを教えてもらうことである。ここで注意が必要なのは，フィードバックと評価は違うことであろう。フィードバックには良かった，悪かったなどの価値判断は入らない。非評価のまま，ただ映すだけとなる。もちろん，日常において，評価やアドバイスは必要であろう。しかしそれと同様にフィードバックも重要であることを忘れてはならない。

　評価のデメリットは，良い評価の場合，評価されるための行動を引き出してしまうことがある。その結果，評価を気にしない，評価という枠を超えた思考や行動を抑制する働きがあることには十分注意が必要であろう。また，悪い評価に対して，受け入れ難いのは人情であろう。

　ここから，フィードバックをする際の留意点が見えてくる。大きく四つある。ひとつに，記述的であることである。一般化されたことは，評価的，判断的に聞こえる。「あなたは，いつも人の話を聞きませんね」よりは「先程私が話していた時，机の下でメールをしていましたね」と行動をそのまま記述したほうが，相手に伝わりやすいであろう。ふたつに，主語を私にすることである。これはひとつめにも関連することで，「普通は」，「有識者によると」

では一般論になる。あなたが，私にどのように映ったかを伝えることで，知らないうちに与えている影響を知ることができる。三つに，タイミングの問題があろう。基本的には，即座に早いタイミングが有効であろう。「三カ月前のあのとき」より「さっき感じたのだけど」のほうが相手に響くであろう。ただ聞き入れ態勢を見計らうことも重要である。最後に，量の確保である。多面的にフィードバックをもらうことで確からしさが増す。特定一部の人からのフィードバックでは偏りは避けられない。特に意外な側面へのフィードバックは，貴重である。

　また，フィードバックする側にはちょっとした勇気が必要となるということに注意が必要であろう。よかれと思ってしたフィードバックで，相手が気分を害したり，人間関係がぎくしゃくしたりする恐れも否定できまい。また相手のためになると思っても言い難いことはあるであろう。そこでフィードバックを受ける側に一定の作法が必要となる。

　まず，受ける側は，する側に"依頼"することでフィードバックが始まる。フィードバックする側としては，相手に受け取る準備があるのかどうか，不明であり不安である。受ける側が依頼するということは，準備が整った合図となる。2番目に，受ける側は確りと最後まで"傾聴"することである。特に受ける側の意に沿わない場合，受ける側の言い訳，弁明が始まる場合も多い。例えば，プレゼンテーションが早口で聞きとれない部分があったというフィードバックに対して，自己の正当性を主張し始めるという具合である。これではする側の意欲を削ぎ，これ以上しても無駄と思ってしまうであろう。3番目に，フィードバックが終わったら"感

謝"の意を表すことである。先述の通り，する側には勇気が必要となる。エネルギーを使って関わってくれたことに感謝をすることで，する側は報われ，次の機会にもつながる。ここまでが，受ける側とする側のやりとりとなる。この後，受ける側は，フィードバックの意味，内容を検討，吟味，"選択"する。フィードバックを全て鵜呑みにするわけではない。選択の後には，"行動"に落とし込むことが重要となる。以上，フィードバックを受ける側は，依頼→傾聴→感謝→選択→行動の過程を経ることとなる（図4－5参照）。

　ここまで，主体同士の関係性を育むコミュニケーションについて検討した。日本には，"阿吽の呼吸"という言葉がある。揶揄されたり，悪いコミュニケーションとして取り上げられたりすることもあるが，行間を読む，相手を慮るなど，実は極めて高度なコミュニケーションといえる。言語にしきれない暗黙知をつかむということにほかならないからである。言語化，形式知化できないところにこそ，智慧が詰まった宝庫となる。暗黙知は形式知化できないから暗黙知なのであって，経験を内省してまた試す，試行錯誤，悪戦苦闘の繰り返される厳しい営みからつかみとる，体得していくしかない。強い思いや覚悟が要求される。何らかの方法で暗黙知を形式知化すれば，うまくいくと安易にとらえることはあってはならない。悪戦苦闘を避ける組織は，生命的躍動感に満ちた組織ではないといえる。

　第4章では主体に焦点を絞り論じてきた。個別性，唯一性，一回性を特徴とする主体は，自己と他者をそれぞれ固有に区別する。それとともに，主体同士は，関係性をもつことで限界を超え，可

能性を広げていく存在であることがわかった。主体同士の関係性は，一対一から始まり，一対多，多対多へと範囲を広げる。次章では主体という様々な音色によって響き合う，組織という演奏がより動的過程として進展するにはどのようにしたら良いかについて検討していくこととする。

[注]
1）『クーリエ・ジャポン』2011年8月号，第7巻第8号，講談社，44-46ページ。
2）Naess（1995, 18）は，エイリッヒ・フロムとスピノザの思想を比較検討し，「フロムは『みずからの生存（existence）を維持する』という言い方をするが，『みずからの存在（being）を維持する』というスピノザの表現の方が優れている」と指摘する。生存という「物理的に生き続けること」よりも，「自らの本質が顕現される生き方」に価値を置くものである。自己実現とは「自分自身の可能性をどれだけ深く捉えるか」であるというのが，彼の主張の骨格となる。より良く生きることは，存在（being）を問うことを求めると考えられよう。
3）その店長の"自分軸"として定めたものは，以下の五つであった。①命令より質問をする，②決断をはっきりする，③間違えたらすぐ謝る，④明るさを保つ，⑤自分が店長でなかった時のことを忘れない。

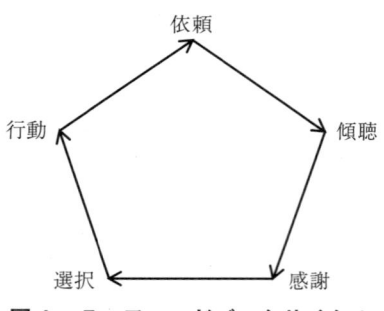

図4−5　フィードバックサイクル

4）本研究においては、Mintzberg(2004)の示した五つの思考様式、内省（reflective mindset）、分析（analytic mindset）、文脈（worldly mindset）、協働（collaborative mindset）、行動（action mindset）に適応した視点を用いた。
5）西田(1950, 9)は『善の研究』の冒頭で「純粋経験」について、次のように述べる。「経験するというのは事実そのままに知るの意である。全く自己の細工を捨てて、事実に従うて知るのである。純粋というのは、普通に経験といっているものもその実は何らかの思想を交えているから、毫も思慮分別を加えない、真に経験そのままの状態をいうのである」。「純粋経験」とは、経験そのままの、思慮分別の加わっていない状態のことであろう。これは、「我々の最も平凡な日常の生活が何であるかを最も深く掴むことに依って最も深い哲学が生れるのである(西田、1966, 345)」ということにつながるように思われる。
6）Buber(1979, 7)は、「人間の態度は人間が語る根源語の二重性にもとづいて、二つとなる」とし、「われ―なんじ」と「われ―それ」を示した。林(1988, 10)は、この二つの態度の理念系から、「道具的人間関係と伝達・操作のコミュニケーション」と「交わりの人間関係と自己目的的・即時的なコミュニケーション」の二つの類型を導き出している。こうしてみると、コミュニケーションにおける検討において大まかには二つの流れがあることがわかる。
7）これに関連して、Freire(1979, 65-92)は教育概念を「銀行型」と「課題提起」に分け、前者を激しく批判する。「銀行型」では、教師は「一方的に語りかける内容で生徒を満たす」存在で、生徒は「語りかけられる内容の機械的暗記者」であり「従順な聴き手」、「援助の対象」である。ここで行われているのは「情報の伝達」であり、「思考と行動を統制し、人間を世界に適応させ、人間の創造力を抑制」するとする。一方「課題提起」においては、教師と生徒は「すべてが成長する過程にたいして共同で責任を負う」、「対話関係」にあり、生徒は「批判的探究者」である。また、教育は「実践の中でたえずつくりかえられ」、人間は「何ものかになりつつある(becoming)過程の存在」である。そして教師と生徒は共に「内省と行動を二分することなく、自分自身と世界とを同時に内省し、こうして、確かな思考および行動の形態を確立する」とする。
8）2008年8月7日、人事部長(当時)よりヒアリング。
9）過去半年間に東海道新幹線利用者の内、首都圏に住む成人50名に対して

2011年3月インターネットによる無作為抽出法にてアンケート調査を行った。内44名が、車内改札について「煩わしいのでやめて欲しい」と答えた。特に東北新幹線も並行して利用している人と相関が強く、100％であった。
10) 実験は2011年6月～8月の3カ月間、延べ28回質問を行った。
11) 慈悲救済を特色とした菩薩、観世音菩薩は、サンスクリット原典に拠れば、サンスクリット語名は avalokitesvara となり、観察することに自在との意になる。音までも観ることが、慈悲救済にとっての要点といえるのかも知れない。
12) 固定観念と先入見はそれぞれ異なる意味をもつが、自分の見解と一致しないものごとを受け入れないという重要点が共通する。この後、先入見で統一して使用することとする。
13) 末木(2006, 104)は、天台宗を開いた智顗は、止観の方法を修行の中心にしたことを指摘し、天台の止観について次のように指摘する。「私たちの心の中に含まれているさまざまな要素、すばらしい仏のような一面も、また醜い地獄のような一面も、飾ったり、偽ったりすることなく、あるがままに見据え、心を掘り下げてゆこうというのである。はじめからすべてが含まれているというところからすれば、悟りといっても遠いところにあるのではなく、最初から悟りに足を踏み入れているということができる」。
14) 『クーリエ・ジャポン』2011年8月号、第7巻第8号、講談社、50ページ。
15) 2011年9月1日に実施。

第5章 関係性を意識した組織の協奏過程

第1節　創造過程

　組織は何かしらを産出し続ける存在である。組織を"創造過程"としてとらえることは自然である。また、組織は異なる主体の集合体であり、ある一定の合意や了解が必要となる。本研究ではこれを"共振過程"として検討する。そして、組織を継続的な活動としてとらえたとき、昨日より今日、今日より明日とより良くなっていくことが求められる。"学習過程"としての組織の姿が浮かびあがる。つまり、創造、共振、学習の三つの過程が、組織の動的進展の根本的、本質的検討において必要となる。

　組織を時間軸でとらえると、投入、過程、産出から成る。何かしらを生みだすことが組織活動といえる。創造性とは、基本的に生みだす過程であり (Mai, 1981, 44) 組織活動は創造活動そのものといえる。本節では、まず、創造の源泉は何であるのか、協奏概念の特徴の観点から掘り下げる。次に、試行錯誤を鍵に創造活動をどのように進めるのかを論じる。最後に、新しいものごとを取り入れる営みから創出される価値について検討することとする。

第1項　創造の本質

　創造(creativity)は，14世紀のラテン語 creatus(生み出す)を語源とし，crescent(三日月)，crescendo(しだいに増す，高まる)も同様である。創造には，形や状況が変わるところに基本的特徴がある。これを踏まえ，創造の類型について整理する。創造についての研究アプローチは多種多様[1]であり，定義を絞ることは困難であろう。しかし，先行研究を整理すると「無から有を生じる創造」と「有から有を生み出す創造」の2類型あることがわかる(海老澤他，1999, 37-54)。代表的には Maslow(1972)の分類である。Maslow(1972, 161)では「無から有を生じる創造」は「特別な才能の創造性」と表現され，「有から有を生み出す創造」は「自己実現の創造性」と表現される。

　まず，「無から有を生じる創造」，「特別な才能の創造性」では，カリスマや天才に期待することとなる。構成員の依存性や非学習性，分断性を引き出すことは想像に難くない。天才の"降臨"を待ち望み，頼り，言われたことのみをこなす組織が浮かび上がる。しかし，どれだけ優秀な天才であっても，全てを見通し，次々と無から有を生み出すことはできまい。また，仮にそれに近い存在があったとしても後継者の問題は深刻である。組織の創造性を考えるとき，「無から有を生じる創造」，「特別な才能の創造性」だけでは不十分であることは自明である。

　次に「有から有を生み出す創造」，「自己実現の創造性」について検討する。Koestler(1983, 216)は「科学上の発見は無から有を生みだすものではない。それはもともと関連して存在していながらべつべつに取り扱われてきた概念，事実，脈絡などを組み合わせ，

関係づけ，統合するものである」と偉大な発明や創造も有から生み出されることを示す。

Maslow(1972, 162)は「自己実現の創造性」について「幸福で情緒の安定した子供の創造性と似ている。それは自発的で，無理がなく，無邪気で，気安く，紋切型思考やきまり文句から自由である。それはまた，主として無邪気で禁止されることのない自発性と表現力からなっている」と指摘する。

創造は過程であって状態ではないとする Jantsch(1980, 294-295)も同じ立場に立つ。創造過程を「連続体の数多くのレベルで同時に振動する(vibrating)イメージ」としてとらえる。創造は，「共振(resonate)」を通して成り立つ，「さまざまなレベルにある意識の相互作用(interaction)」と指摘する。一人の天才，個人による創造とは異なる，複数の主体の響き合いによる創造を示唆する。同じように Whitehead(1981b, 154-155)も力を合わせた創造の必要性を，次のように説く。

> 有機体は自らの環境を創造することができる。この目的のためにはだだ一個の有機体だけではほとんど無力である。それを果すに充分な力を得るためには，協働する有機体の社会が必要になる。

一人を超えた創造が，組織ぐるみの創造により可能になることが示唆される。創造的な主体について Mai(1981, 44)は，「人間の意識を拡大する人物」とする。また，アメリカの心理学者 Csikszentmihalyi(1996, 46)は「創造的な人々は早急に問題の本質を定義しない。まず様々な角度から状況を見て，長い間明確な説明をしないまま，種々の原因と理由を考える。本当に何が起こってい

るかについて、まず心の中で自分の直感を吟味し、次に実際に試してみる」と指摘する。そして、Jantsch(1980, 271)は「プロセス中心のマネジメントでは、マネジャーの役割は触媒(catalyst)に似ている」としたうえで、「創造的プロセスを刺激し、より相互作用を活性化させていくことがマネジメントの仕事である」としている。

現代、われわれが直面する課題の多くは、種々の要因が複雑に絡み合い正解がなく、辿りつけない状態である。その意味からも「有から有を生み出す創造」、「自己実現の創造性」に重きを置くことが重要であり、その場合、天才的な閃きというよりは、主体同士の連携や、相互作用、相互触媒、まずはやってみる勇気(Mai, 1981)、やったことを内省して次に生かす営みが重要であるといえる。

それでは、創造はどこから生まれるのか、その源泉について検討する。特に本研究の主題、協奏概念の特徴としての、生命的躍動感、集中、楽しさとの関連を勘案して論を進める。過去を振り返ったとき、楽しさのあまり時間を忘れ、何ごとかに没頭、没入した経験をもつ人は多いだろう。そうした楽しさは創造性を喚起する。Csikszentmihalyi(1975)は、集中や楽しさという側面から創造性を研究し、フロー(flow)理論としてまとめている。フロー理論の研究は運動選手や探検家、登山家など活動それ自体を報酬とする人々への面接調査を出発点としている。フローとは流れのことであり、被験者が自分の体験を表現するために繰り返し用いられた語に由来して命名された。端的にいうと、内発性を起点とした創造性の理論がフロー理論といえる。ESM(Experience Sampling Method)、質問紙調査、面接調査など複合的な方法を用いて

第5章　関係性を意識した組織の協奏過程

説き明かしている。

　Csikszentmihalyi(1990, 4)によると，行為する人の技能(skilles)と，行為が必要とする挑戦(challenges)が高レベルでバランスするところで「一つの活動に深く没入しているので他の何ものも問題とならなくなる状態，その経験それ自体が非常に楽しいので，純粋にそれをするということのために多くの時間や労力を費やすような」状態が生じるという。フロー経験とは「挑戦的な環境に積極的かつ効果的に関わり，環境の統制感覚」を持った結果の「自己効力感に裏打ちされた楽しさ」のことである。

　楽しさは，本研究における重要な鍵概念であり，もう少し掘り下げたい。フロー理論(Csikszentmihalyi, 1990, 45-48)でいう「楽しさ(enjoyment)」は，「身体的欲求が心理的エントロピーを引き起こす原因となった時，意識を秩序ある状態に戻す均衡回復」としての「快楽(pleasure)」とは峻別されることに注意したい。「快楽」は何の努力もなしに感じることができる。しかし「楽しさ」は「新しく，挑戦的な要素を含む目標への心理的エネルギーの投射」，「深い集中」を必要とする。結果「快楽」は「意識に新しい秩序を創ることはできない」のに対し「楽しさ」は「新規な感覚，達成感覚によって特徴づけられる」という大きな違いがある。つまり，「楽しさ」とは挑戦と能力の伸長を伴うものである。手を抜いて楽をすることではなく，徹底して没頭，没入しやり切ることから生まれいずる充実や成長実感であり，生き甲斐などとも結びついた，深いレベルでの喜びのことといえる。

　関連して，Ackoff(1988, 149)は次のように経営の美学を提示する。

美学は二つのこと，つまり遊びと創造に関連している。遊びとは人の心と身体を活気づけるもの，結果や影響には関わりなくそれをすること自体が満足感を与えてくれるものである。遊びにはそれ自身に価値がある。すなわち，活動自体から得られる楽しみや喜びそのものに価値がある。経営することそれ自体が楽しみであり喜びであれば，経営は美学的な価値をもつのである。

われわれは，没頭，没入して楽しむ人々のエネルギーが，大きな苦難を乗り越えたり，不可能を可能にしたり，今までにないものを生み出す現場に出会ってきた。没頭，没入といえるほどの集中やそこから生まれる楽しさ，生命的躍動感が織りなし創造を形作っていることがわかる。創造とは，主体が本能的にもつ向上心や進展への挑戦心とも言い替えられよう。

つまり，"わくわくする"，"いてもたってもいられない"など，くめどもつきぬ泉のように，内側の奥深いところから湧いてくるエネルギーが創造の本質であり，まだ見ぬ未来への道標になると考えられる。

そして，未来に向かい，没頭，没入する行動には，成功も失敗もある。事前決定的に方向性が定まっていることもあろう。しかし，多くの場合，内省を伴った試行錯誤から方向性が事後的に形成されよう。次項では，試行錯誤を鍵に，創造過程について検討する。

第2項　試行錯誤からの創造

創造を重視したとき，まずは分析，計画し，見込みが立ってか

ら出発するという，慣れ親しんだやり方と別れを告げる必要があろう。先行きが良く見えない中で，まず一歩踏みだす勇気が求められる。わからない領域へと歩を進め，謙虚な初心に戻り，起こった出来事，一つひとつを学びの糧にしていくのである。創造過程には学習がつきものといえる。戦略の策定の後に実行があるのではなく，戦略により実行が進み，実行により戦略が練り上げられていくことになる。

関連して Deleuze & Guattari(1994, 19)によって提示された，リゾームの概念がヒントとなる。リゾームとは，地下茎のことである。樹木と根といった秩序だった発想に収まりきらない，差異化の運動態(今田他, 2001, 29)であることに最大の特徴がある。差異化とは，ポスト構造主義のキーワードであり，異質性の混在，受容にそのポイントがある。様々な要素が絡み合い，相互作用を繰り返す，カオス系の概念といえる。太陽に向けて伸びる，通常の樹木とは違う。「一つの点，一つの秩序を固定する樹木や根とは大いに異なる」こととなる。蓮根のように，恣意的な方向感覚である意味，変幻自在な動きをしていく。あらかじめきちんと目標を決め，その達成に向け，首尾一貫に取り組む姿にはない，多元性や多産性，そこから生まれる意外性を予感させる。

続いて，試行錯誤の行動から，戦略という組織としての創造活動が形成されていく事例を見ることとする。広島県熊野町に位置する，化粧筆で有名な白鳳堂を取り上げる[2]。江戸時代後期，山間部にある熊野では，農業以外に目立った産業が無く，農閑期に筆作りを始めたことがきっかけとなり，やがては筆の一大産地へと発展した。昭和30年頃には，書道教育解禁の影響で，需要が急

激に伸長，大量生産を要求されるようになった。筆メーカーでは軒並み，工程や品数など効率化が進み低価格大量生産の戦略がとられた。一方，品質の劣化が進行した。

その品質の劣化に拍車をかけたのが，昭和50年代の韓国，中国製品の輸入増であった。熊野では，中国から製品を仕入れ，販売することで事業を継続させる戦略をとる企業が増えた。このことで品質の劣化に加えて，技術の衰退という深刻な問題ももたらした。営業に出るたび，顧客から製品の劣化を嘆く声を聞き，家業から独立，髙本和男が創業したのが白鳳堂の始まりとなる。

白鳳堂の設立の目的は明確であった。陶器や漆器，人形や織物などの絵付用の筆など，職人やプロが使う，高級筆の製造，販売である。後年「筆は道具なり」という経営理念を掲げることになるが，これは創業の精神を言い表したものである。当時化粧ブラシは，化粧品のコンパクトに入れるもので，欧米の化粧品メーカーからの需要が多くあった。同社も積極的に参入したものの，量産しやすい半面，価格競争になっていた。化粧ブラシを作るうちに，現在の化粧ブラシは，平らな形状とコシからしてうまく化粧ができないのではという疑問が湧いてきた。

そこで，高級筆を作ってきた技術を駆使し，顔という立体に描く化粧に適切な製品の開発に取り掛かった。顔の凹凸にそって万遍なく，スムーズに筆先が動く製品が求められた。そこでは，漆器や人形に使う筆の技術が生かされることとなった。試作品を大学生などのモニターに使用してもらい，次々と改良を重ね，ムラなく発色を生かす製品に仕上がっていった。思いを込め，化粧ブラシではなく，「化粧筆」と命名することとした。

一応の完成を見た「化粧筆」は、たちまち高評価を得ることができ、化粧品会社の高級品の企画などに採用され、安定した販売で経営に寄与することになった。しかし、当時1980年代は、問屋を何社か通じて化粧品会社に製品が流れるシステムになっており、本当に製品の品質を理解してもらい、事業をダイナミックに展開することはできなかった。

　よって、既存の硬直した流通の枠を越えるべく、OEMを専門にする会社を設立、問屋を通すことなく自社ブランドを自社販売ルートに乗せる展開を始めた。流通の革新であった。ところが、国産メーカーの反応は期待より鈍かった。

　ここで、さらなる行動に出る。ニューヨークで活躍する、メイクアップアーティストに会いに行くのであった。それがきっかけとなり、カナダの化粧品メーカーと出会うことになる。カナダのメーカーは、カウンセリングを行いながら販売する手法を取っており、化粧筆を重要視し、白鳳堂の筆を高評価、契約に結びつくことになった。

　その後、欧米化粧品メーカーを中心にOEMの販路を広げる一方、自社ブランドの展開も開始する。女性の集うインターネットのコミュニティサイトにおいて化粧筆の公開開発を行うなど、顧客と密着しながら、製品への改良とともに、化粧筆について顧客への啓蒙活動を行っている。また、直営店での販売も行っている。筆の使用者の個性(肌色、骨格、好みの仕上げなど)に合わせた提案を最優先し、売上金額など売り手の都合で顧客に製品を押し付けることがないよう、売上げ目標はないという。同社は現在も創業の精神を守り、高級筆を作り続けている。こうしてみると同社は、

創業の精神に基づき技術を大切にしつつ，既存の枠に囚われることなく，思い切って行動し，修正を繰り返し，価値を創造しているといえよう。顧客の声に敏感になり耳を傾け，行動し続け，戦略は事後的に形成されていったことも注目に値する。

　さらに，試行錯誤からの創造過程を検討するため，経営戦略論について論を進める。経営戦略論においては，根源的には2通りの考え方がある。金井，高橋(2004, 87-89)に従えば，内容学派(content school)と過程学派(process school)ということになる。前者は「事前に合理的・分析的に編み出された戦略」であり，後者は「事後的・回顧的に来し方を合理化しながら将来に向けて徐々に形づけられていく戦略」である。

　まず内容学派について検討したい。岡田(2009, 23)はポーターのSCPロジック(Porter, 1980)とリソースベーストビュー(Wernerfelt, 1984)の双方を「伝統的な戦略理論」とし，「内外環境の現状分析とそれに基づく線形の将来予測」による「事前意図的な戦略理論」に位置付ける。また奥村(1989, 35-36)は合理的側面に焦点をあてた「分析型戦略論」の特徴として次の5点をあげる。

① 企業を物理的経済主体とみなし，企業の行動はそのまま経営戦略と一致するという前提。
② 企業を市場における一個の「点」とみて，戦略は「全知」の前提に立ったトップの専有物。
③ 経営戦略は組織・個人が機械的に遂行する前提。
④ その経営戦略はフォーマルな戦略計画として記述，具象化。
⑤ 経営戦略は規範的性格で，計画からの乖離は厳しくコントロ

ール。

　あいまい性を許さない，合理性や分析に偏り過ぎた考え方は，変化への柔軟性や創造性を阻害することは否めない。また，言われたことを言われたとおりするだけの機械論的組織は，正解がはっきりしている環境下では効率的である。しかし，特に以下4点の危険性をはらむといえよう。

① 策定者と実行者の分離，結果として二元論に陥り実行不全，対立を生む傾向の増大。
② メンバーの学習不全を生む傾向の増大。
③ 強制された義務感が先立ち，創造性が育まれる可能性を阻害。
④ 仕事の全体観を掴みにくく，仕事の意義や意味を感じることが困難。

　次に過程学派について検討する。ここでは戦略の創発性(Mintzberg, 1987a)に注目する。奥村(1989, 39-40)は伝統的戦略論と対照的に異なる特徴として次の4点を指摘する。

① 企業がその環境と相互作用行為を行うプロセスから戦略を形成。プロセスは経時的，進化的。
② 経営戦略は組織内部の組織プロセスの中から生み出される。戦略はトップ一人の専有物ではなく，組織全員のもの。
③ 戦略の策定と実施のステージは相互依存的なダイナミックなプロセス。
④ プロセスの中から生起してくる創発的な行動に注目。偶然性を取り込み，必然化。

　前提にある組織観として，組織を生命体として有機的にとらえていることが見て取れる。また，Mintzberg(1987a)は創発戦略

(emergent strategy)において「戦略における学習」の視点の重要性を強調する。過程学派の考え方では、ゆるやかな変更可能な戦略を試しながら市場の声に耳を傾け、試行錯誤の中で戦略を洗練化させていく。よって戦略の策定と行動の過程そのものが、学習の場になるのが注目点となる。こうした考え方は、日々不確実性と変化、顧客の多様化にさらされている実務家の実感とも一致する。

一方で以下四つのデメリットも考えられる。

① 各メンバーの主体性や参画意識が厳しく要求される。
② 正解が上から下りてきて言われたことを徹底するのと違い、メンバーの自律性や個性を引き出すことが重要となり、マネジメントの難易度が高い。
③ 先行きが見えないため、不安感が強くなる可能性が高い。
④ メンバーの自律性と学習能力に効果が大きく依存するため、そうした意欲、能力の低いメンバーの阻害や離脱を生む可能性が存在。

以上経営戦略論における、おおきな二つの考え方を概観した。ここまでの議論で内容学派と比べ、過程学派と本研究の考え方により類似性、親和性が見受けられることが明らかになった。しかし、合理性や分析がまったくない戦略は現実的ではない。二つの考え方を二項対立ではなく、相互補完としてとらえることが重要であろうと考える。Mintzberg(1987a, 66-77)は「戦略は日常的な末端の活動から遠く離れた組織の高次元において作成されるものと考えるのは、因習的なマネジメント論における最大の誤りの一つ」と指摘しつつも「純粋なプランニング戦略とか、純粋に創発的な戦略とかはこの世に存在しない」とする。合理性と分析を勘案

しつつもその限界を認識し，策定と実行を同期化させることが重要となろう。

関連して，Csikszentmihalyi(1990, 208)は「月並みな画家が描き始める時は，何を描きたいかがあらかじめ分かっており，描き終わるまで最初の意図が保持されるのに対して，独創的な画家は同程度の技術であっても，心の中に深く感じながらも未確定の目標をもって描き始め，キャンバスに現れる予期しない色や形に応じてたえず絵を修正し，最終的には描き始めた時とはおそらく似ても似つかない作品を描いて終る」と言う。事前決定された"正解"の頑なな徹底や保持ではなく，臨機応変に行動を変化させ学習を繰り返すことが，創造性豊かな創作の肝になるといえる。

同じように戦略論においてその本質を作品創作の隠喩によって明らかにしているのが，Mintzberg(1987a)の戦略クラフティング論(crafting strategy)である。これは「行動が思考を触発し，一つの戦略が創発」される戦略である。行動を重視し，行動から戦略策定へのインスピレーションが湧き，戦略がより現場と一体化したものとして，洗練され，絞り込まれ，現場の力になる。「形成していくプロセスと実行プロセスが学習を通じて融合し，その結果独創的な戦略へとだんだんと発展していく」のである。

また，Weick(2001, 75)は，学習によってつながれることで，戦略策定と組織行動が，より生きたものになる過程を次のようにいう。「部下たちはよく道を見失うものだし，リーダーですらどこへ行くべきか確と知っているわけではない。リーダーが知っていることといえば，困難に直面したとき手に持っている計画とか地図では脱出するのに十分ではないということである。このような

状況に直面したとき、リーダーのなすべきことは、部下に自信を植えつけ、何らかのおおまかな方向感覚で部下を動かし、彼らが自分たちのいた場所を推定し、いまどこにいるのか、またどこへ行きたいのかがもっとよくわかるように、行為によって生み出された手掛かりに部下たちが注意深く目を向けるようにすることである」。

　加えて、西洋文明の主流である科学的思考と対立させる「野生の思考」を提示したのは文化人類学者のレヴィ＝ストロースである。分析的、理性的なエンジニアに対し、ブリコラルール（器用人）によるブリコラージュ（器用仕事）に例え「野生の思考」を表現する。ブリコラージュでは、あり合わせの材料を臨機応変に流用して、決められた機能や意味を組み替えながら関係づけ、そこにある秩序を生成する（Lévi-Strauss, 1976）。事前決定的で目的志向に偏重した結果重視思考ではない。ゆるやかな方向感覚で進みながら、ある意味、何が出てくるかわからないドキドキ感、わくわく感を楽しみ、戦略策定と組織行動の相互作用のなかで学習していくのである。なお学習については、本章第3節で詳しく論ずる。

　ここまでの議論をまとめると、以下4点が戦略の要点といえよう。

① 主観的意味の深耕化

　そもそも何がしたくてこのことに取り組むのかを問い続ける。"意志の力[3)]"ともいうべき、内側から湧きあがってくるような根源的意味を醸成することが必要である。主観的に意味があると思えるものに取り組んでいる実感が集中を生む。

② 主観と客観の相互作用

　思いや意味など主観を大切にしつつ、分析や合理性も鑑みる。

両方の視点を併せもつことが求められる。
③ 試行錯誤の高速化
　精緻な分析と計画が完了してから実行に移すのではなく，"あたり"をつけて小さくても良いので動いてみる。動いた結果，顧客からのフィードバックにより，調整や修正を加えて戦略を洗練化していく。
④ 戦略による学習の重視
　目先の成功，失敗だけに囚われず，ここから何が学べるかを個人と組織レベルで問い続け検証し，次に生かす。また現在の保有能力の開発を常に試みる。

　進化の研究者であるスイスの生化学者 Wagner(2010, 242) は，生命における，あらかじめ決まった意図や目的の存在を否定する。彼によれば「生物とその部分がからむ相互作用の種類と，それが引き受けられる機能の種類にはきりがない」のに加え，その機能は「部分が周囲と結ぶ関係や相互作用から発現する」という。彼が例にあげる一つに，角膜と水晶体の間にある薄い膜，虹彩がある。虹彩は，光と相互作用するときには流れを調節し，損傷を受けた水晶体の組織と相互作用するときは，修復の役目を果たすという。生物は，一定の機能は持つにしても，その場，その時で，機能を変え，複雑な相互作用を織りなしているといえそうである。生命の機能は，柔軟性をもって変化し，状況に対して開かれているのである。組織を生命体としてとらえたとき，戦略という創造活動もまた，同様のことが言えそうである。

第3項　試行錯誤型創造の組織的意味

　Whitehead(1978, 21)によれば，創造性は，「新しさ(novelty)の原理」である。「選言(disjunction)から連言(conjunction)への前進」であり「多は一になり，一によって増加[4]される」とも表現する。同じように柳(1985, 225)は，伝統を動的にとらえ次のように言う。

　　もとより伝統を尊ぶということは，ただ昔を繰り返すということであってはなりません。それでは停滞を来したりまた退歩に陥ったりしてしまいます。伝統は活きたものであって，そこにも創造と発展とがなければなりません。

　約500年の歴史を誇る株式会社虎屋の17代目当主，黒川光博社長の大切にしている言葉は「伝統とは，革新の連続である」という[5]。新しさを加え，前進していく動的な過程の結果，新しい存在になること，変態を遂げることが創造であるといえよう。

　事例として江戸時代の開業以来「木ロウ」一筋の企業，株式会社セラリカ野田がある。鬢付け油や和蝋からスタートした同社は，昭和40年代半ば整髪料が木ロウを主原料とするポマードから液体整髪料のリキッドやトニックにとって代わられた際，大きく舵を切った。熱に溶けやすく，冷えると固まりやすい木ロウの性質を使って，コピー機のキヤノンへ飛び込み営業を仕掛けた。これが，おりしもゼロックスの独壇場だったコピー業界において，日本産のまったく新しいトナーを作ろうという気運と合致したのである。ロウの老舗が情報産業の先端技術へと進出した瞬間となる。

　その後もワープロの感熱転写テープ，CDの保護剤，天然ワックスなど次々と用途を開拓しているが，同社の変態はこれに止ま

らない。中国と共同で雲南省と四川省の山間部に50万本ものモチの木を植林している。これまで害虫とされてきたモチの木を餌とする「カイガラムシ」が分泌するロウから製品を作るためである。生産者の中国，購入者の日本，そして害虫として駆除の対象であったカイガラムシ，それぞれを生かす道である。こうした取り組みは，「貧困に苦しむ現地農民のための村おこしを実現し，さらに緑の拡大による環境の向上をも両立することの出来る新たなコンセプト」としての，経済発展と環境保護を両立するセラリカ構想の一環である[6]。今日の自分に新しさを加え，動的に次なる自分へと変態を繰り返し，価値を創造している。

　こうした動的過程からの創造について検討を続ける。Whitehead(1978, 21)は宇宙を構成する究極的事物を「現実的存在(actual entity)[7]」または「現実的生起(actual occasion)」とよぶ。有機体の哲学において，只今なされている経験そのものは，唯一無二であり，生生流転する運動態である。「現実的存在(actual entity)」とは，そうした運動態としての「経験の一雫」のことである。新たな，たった今の経験を加え続ける連続体としての主体があり，その集合体が組織となる。さらにそれらは，「相互依存的」であるという。すべての存在は，孤立してはあり得ない，関係性によって生き，"生かされている"のである。

　つまり，経験を共有する，更にいうなら経験からの学びとしての智慧を共有することが組織の本質的意味といえよう。組織では多様な主体が相互作用し，影響し合う。そこでは，お互いの存在を受容することが重要となる。受容し，取り入れることで，主体は新たな主体を創りだすことができ，組織もより新たな経験を積

み，更に創造的になることが可能となる。加えて，それぞれの存在は，性質を異にするが「現実的存在(actual entity)」としての絶対的共通点を持つ。宇宙や社会という空間を共にして，相互に関係し生かされ，生かし合っているのである。人間至上主義とは，一線を画する謙虚さや，すべての存在に対する敬意とそこから生まれる信頼が基盤にあることが示唆される。

さらに，Whitehead(1978, 57)は「創造的な働きは，つねに自己─経験の特殊な統一において一つになる宇宙であり，したがってそれだけの多の宇宙であるような多岐性を増すところの，宇宙である」とする。新しいものごとを取り入れ，変化し続けながら多岐性を増加させ，しかも自己同一性を保持するこれが生命活動であり，創造活動の実像であるといえよう。

一方，禅の世界にも通底する考え方がある。鈴木(2003, 35-37)は，仏教について仏陀が説いたままではなく，後世取り組むために重要なこととして次のように指摘する。

> 仏は原始仏教を成立せしめているのではあるけれどもこれだけでは水が十分に流れない。そこで，後世人がときどきにその流れの中に自分のものを加えて，従来の偉大さを，持続すると同時に，さらに何か勢いを加えて行く，こういうことにならなくてはならぬ。

つまり仏教においては教えについて，静的，絶対的な教義の体系とは見ない。「化石化」しない生命的躍動感がある。自身の体験や実感を新たに日々加えることで，教えは教えとして生命を宿す，生きたものになる。それは後進に使命が残されているとも言えよう。

ここまで、創造過程について検討してきた。生物とは「たえず自己を産出しつづけるということによって特徴づけられる」とするのは、Maturana & Varela(1991, 51)である。生命活動とは、次々と新しさを取り入れ、自己を再生産し、更新し続けることによって、アイデンティティを動的に維持することといえよう。その次々と新しいことを取り入れていく動的な創造過程は事前決定的なものではなく、試行錯誤の繰り返しによって創出される。試行錯誤には数多くの失敗がつきものである。しかし、真の失敗は、失敗の経験を次に生かせないことである。経験を内省する営みを丁寧に続けることで未来を紡ぎ出す、ほんとうの意味で創造的なものは、自己創作するものといえる(Deleuze & Guattari, 1997)。自己を変えることで、今までは、見えなかった景色が、眼下に広がることとなる。そして創造は、組織で行うことにより個人では成し得ない多岐性、多面性を増すことになる。

第2節　共振過程

　前節では、創造活動をとりあげた。主体を出発点としながら、関係性をもち、相互作用することで、協奏への道筋が見えてきた。本書では、ぶれない軸をもった個人をあえて主体としている。主体性を重要視したとき、主観的意味や価値観が尊重されることとなる。組織の価値観や理念に対して、共有され、納得感が広がっていることが鍵となる。組織ぐるみの創造には、動的な響き合いを欠かすことはできない。価値観や理念、ビジョンに対し納得し、行動を伴う"腹落ち"に至り、芯からの共感となり、さらに共感が

響き合い,共振(resonance)となる[8]。その観点から考えると,価値観や理念,ビジョンには瑞々しさが欠かせない。特に,特徴的な現象となって顕になる,即興の観点を意識して検討される。

第1項 即興における心得

　主体が一人で奏でる場合に比べ,主体同士が相互作用する協奏には,分業への没頭,没入に加え,協業の理解が欠かせない。特に即興では,即座の関係性が問われる。命令や強制とは趣を異にする,共感や共振に由来する内側から湧きあがってくるエネルギーが鍵になろう。日常の組織活動を振り返れば,即興はあらゆるとき,ところで繰り返し行われている。例えば会議であらかじめ準備されたシナリオやアジェンダとは違った,思わぬ,想定外の発言から,展開が変わるということは多い。唐突とも思える言動が他の主体を刺激し,新たな役割を自分自身で創り出すこともある。即興を検討することでの組織への示唆は大きいと言えよう。

　ディープエコロジーの理論家Drengson(1995, 95)は,世界を「生きた交響詩(symphonic poem)」に譬え「関係性を重視する有機体的芸術(organic art)」としてとらえる。そこでは,個々の演奏者は「自分の出す音を全体の演奏に合わせるが,独自の一節を奏でる機会も与えられている」とする。組織に置き換えるのであれば,個性を発揮しながら,組織全体とも調和(attune)した状態といえよう。

　演奏は独自性に走り過ぎても,全体に合わせ過ぎても味気ないものになる。「関係性を重視する有機的芸術」としての組織は,個と全体という,対立的,対極的な関係を包含する。対極的だからこそ,相補的であり,豊かさや深さが加わり,より美しいメロデ

ィーを奏でることが可能になる。Whitehead(1981b, 155)は「有機体は自らの環境を創造することができる」と指摘し，創造のためには，ただ一個の有機体では無力であるとする。そして，「協働する有機体の社会が必要になる」という。Drengson(1995, 96)の表現によれば「全体の流れにみずから合流することで，逆に自分自身が全体としての世界に内在するかけがえのない固有の本質的価値をもつ存在であることが新たに理解される」ことになる。全体と調和することは，個を深く理解し，最大限活かす術ともなる。

それでは，個性を生かしつつ，全体が調和している状態にするにはどのような方法があるのだろうか。このことは組織論の大きなテーマである。Drengson(1995, 95)に従うと，進行している演奏に自分の音を合わせるためには「演奏されている音楽に即座に感受性豊かに反応できる鋭い感覚を備えた知覚力」が求められるという。これは「交響楽を全体として，また個々の独自性を持つ多くの音として即座に捉える能力」のことである。

パターン認識やそのための傾聴，全身全霊を使った感覚などを研ぎ澄ますことが必要となろう。主体，相手，全体に敏感になることが求められる。つまり，自らを見る目，相手を見る目[9]，全体を見る目と，三つの異なった視点が必要ということとなる。三つの視点をもつことで，今までと同じものを見ていても，違う認識が生み出される。違う認識が違う行動や結果につながる。独自性，関係性，全体性，異質の三つを併せもつ高度な能力が求められる。

関連して，即興演劇の代表的実践者であり指導者のJohnstone(1999, 59)は，即興演劇者の心得として，二つのポイントをあげる。

独自性，関係性，全体性の包摂を検討するうえで示唆に富む。

　ひとつは自然体(good nature)である。これは，演劇者からにじみ出る，その人が本来もっている人間としてのよさ，またそのよさが表れている状態となる。ふたつに，一緒にやる仲間を喜ばせることである。これは具体的に三つの要素を挙げている。相手をよく見せる(Make your partner look good)，相手を鼓舞する(Inspire your partner)，相手に良い時間を与える(Give your partner a good time)となる。

　無理することなく主体にある本来の良さを発揮することと，相手に貢献することは二項対立でない。独自性ある主体が関係性をむすぶことで全体性が形成され，全体性への思慮によって，関係性が豊かになる。さらには，関係性の豊かさが主体を磨き，より独自性が発揮されることとなる。相手に貢献することで，主体は本来の良さを発揮し，新たな全体性が創出される。主体同士の相互関係が鍵となる。
　主体同士の相互関係の在り方について，特に不確実性の高い状況の中では，指示，命令や強制，支配だけではうまくいかない。正解がわかっていれば，わかっている人に従うのが一番であろう。しかし，正解を予めもっている，知っている人がいない状況では，方向性や価値観，理念を共にした信頼する仲間と共に探究する必要がある。つまり，行動そのものの統制，管理，制御ではなく，互いが思考や価値観，方向性の促進者であり，導き手になることが重要となる。
　共に探究の旅を続ける仲間同士は，"お題目"の経営理念やビジョンでは，うまく行かない。お題目では，組織に冷めた空気を生

み，当事者意識が醸成されることはない。踏み込んだ行動はなく，批判をかわすための，上辺だけの問題解決の繰り返しとなってしまうことも多い。必要なのは妥協や強制ではなく，心からの納得であり，納得の連鎖である。心からの納得により共感が生まれ，その共感がより広がり，共感の連鎖が響き合い共振となる。

　心からの納得に至る過程には，率直に本音を示し合うこと，本音のやりとりが欠かせない。それは時として，"火花を散らす"激しいぶつかり合いとなることもある。対決ともいえる激しいやりとりが必要なとき，避けることなく，互いに真摯に対峙することが求められる。慣れ合いや，もたれ合いとは明らかに違う，甘えが許されない厳しい世界である。組織は多様で独自性ある主体同士の集団活動であることを思えば，違いがあって当然である。無理に同調するのではなく，互いの違いを認め，生かしつつ，一致点を探ることが重要である。組織では，大義や志のための自己否定を相互にし合うことも重要となる。個人的な感情のわだかまりなどに邪魔されない，相互に自己を否定し自己を超える真剣なやり取りである。

　共振が生まれる出発点は，大義や志において，自分自身と組織の間に重要な一致点があり，調和するときである。さらに，組織の目的のつくり手の一人になって，目的を進め，洗練化させる過程に参画する，「自分の仕事が『何か大切なこと』へとつながっている感じ」(Lublin, 2011, 27)が鍵となる。志や大義に向かって共に進んでいるという実感が主体を鼓舞し，主体同士をつなぐ。働くことそのもの，成し遂げていることの矜持を語り合う，"仕事の報酬は仕事"という状態となる。

また，大義や志，そこから生まれる価値観の共有は，全体を思うことにつながり，機能面の全体理解をも促すこととなる。組織への愛着や好意が組織全体を理解する気持ちを喚起することとなる。「新たな視点（new perspectives）と高い志（higher aspirations）が生じるとき，集合知は生まれる」とするのは，Briskin et al.（2009, 19）である。主体の強烈な当事者意識が，参画意識へ昇華されたとき共振となる。"だれとはなしに"やりはじめ，うねりとなる状態である。

　即興では，自らが出演し，演じながら他の主体と共にシナリオをつくっていく。どこで，何を，どのように演じていくか，相互作用のなかで呼吸を合わせる。主体同士の乖離，分離は即興に良い影響を与えない。"自他不二"が求められる。即興の検討を通じて，共振には主体，相手，全体の三つを見る目，言い換えれば独自性，関係性，全体性の即座の連鎖が重要であることが分かった。2項では関係性を，3項では全体性を中心に検討を行う。

第2項　関係性の理解から生まれるリズム

　組織活性化に取り組む，あるコンサルタントは言う。

　　良い組織には独特のリズムがある。それは，会社に入った瞬間わかったりする。ちょっとした目配りだったり，挨拶だったりする。そこから伝わってくるリズムがある。

　組織のリズムはそこにあり，感じる人には伝わってくるといえよう。
　Kauffman（1995, 207）は，生命とリズムについて，以下のように

言う。

　生命は，絡まり合い，もつれ合い，そしてリズムと拍子をとりながらともに踊り続ける。その奇跡はなんとすばらしいことか。振付師などいないのだからなおさらである。どの生物も，他の生物たちが芸術的とも言える方法でつくり出してくれた生態的地位で生きていく。それぞれの生物が自分の生き方を模索し，そのことが他の生物の生きる方向性を定めている。

　生命の本質にリズムがあり，そのリズムが関係し合い，相互作用を繰り返すことで，生き，生かされているのであろう。生生流転，生まれては死を繰り返し，移り変わっていく生命の特質は，特に即興的な組織で露わになる。ここには関係性を紡ぎながら発展を遂げる生命の姿がある。引き続き，ボランティアセンター組織を事例に，即興的な主体同士の関係性について，その本質を探りたい。

　2011年3月11日に起きた震災は，未曾有の事態をもたらした。地震の大きさ，津波被害に加え原子力発電所の問題と，ここまで甚大で複合的な災害に対して，救援活動を行うための，前例はなかった。筆者は，4月に名取市のボランティアセンターにて支援活動を行った。名取市社会福祉協議会[10]が本部を務め15名ほどで，日々代わる代わる訪れるボランティア300名をマネジメントしていた。そのマネジメント業務支援を行った。名取市は人口約7万1,000人，今回津波により甚大な被害に遭った仙台空港と閖上地区が期せずして有名となった都市である。

　ボランティア活動の一日は大方次のようであった。被災した方々

からは,日々実に様々な要望が寄せられていた。例えば,2階建ての家屋の1階に入り込んだ土砂のかき出し,崩壊した塀の片づけ,保育園の子供たちとの遊戯,避難所のトイレ掃除,雑巾縫い等々である。まず,「ニーズ班」が,こうした要望を聞き出し,業務として整理する。次に,業務ごとに何人,どのような人が必要か,来ているボランティアの方々を,割り当てるのが「マッチング班」である。例えば,トイレ掃除で5人必要であれば,その場でチームを編成していく。多くの場合,車の移動を伴うので,どの車に何人乗り,どのルートを走ると効率的なのか決めるのが「送迎班」となる。そして,「資材班」が,例えば,土砂のかき出しであれば,スコップ,バール,くわ,土のう袋,一輪車を作業に必要な分だけピックアップ,各ボランティアチームに受け渡す。活動時間は,朝9:30から15:00頃までとなる。各場所で活動したボランティアを迎えに行き,使用した資材を回収,洗浄して一日が終わる。ニーズ班,マッチング班,送迎班,資材班が,連携し,日々訪れる,ボランティアの方々の活動を,粛々と,そして実に見事に運営していた。

　構成員は日々入れ替わり立ち替わりする。編成が生まれては消え,別の形で再び現れる。状況や要求される課題は刻々と変わり,その場その場で関係が組み合わされ変化が常態化した律動の繰り返しとなった。この組織は,壊れやすく危うい,美しい一回性の芸術のようである。絶対的な権威にすがることも,命令をこなすだけでも済まされない。自主的に集まった主体間で互いの思いや能力を即座に理解し合い,力を合わせてものごとを成し遂げていくことが要求される。それは,変化と多様性に富んだ"旋律"を特

徴とし，即興的に響き合う，音楽や演劇のようであった。堅固な構造とは明確に対照をなす，生成される過程となる。

　注目すべきは，計画と意思決定についてである。用意周到に準備された計画と意思決定はなく，臨機応変に行われる局所的な没頭の連続と，それを結び合わせる使命と全体への配慮があった。決定を行う中央集権的な権威はない。分散しながら共有する意思決定と活動の連動であった。計画は緻密ではなく，かといって無計画でもなく，都度変更され，更新された。行動が重視され，行動の後に目的や計画が発見されることも度々だった。

　計画の精緻化で安心，安住し，事前決定計画の遂行を指示と命令で徹底する静的な構造とは大きく異なる。レシピに忠実な料理とは違った，何ができるかわからない意外性が，わくわく感や楽しさを引き出した。特筆すべきは下記7項目となる。

① 臨機応変さの重視
　活動内容は日々変化する。状況に合わせてルールを決め，変更しながら展開されていた。また，緻密な計画は立てても意味を成さないが，何もないところから始めるのでない。

② 参加者の変化と，思いや使命の継承
　困っている人のために，少しでも力になりたい，助けたいという「使命感」が根底に流れているのを感じる場面が多くあった。

③ 既存の技術，能力，得意技の発揮
　何ももたないところから始まるのではなく，それぞれが保有している能力をもち合い，現場の声に耳を傾け臨機応変に発揮し合うことが重要であった。

④ 被災者と救援者の協働
救援者と被救援者という立場ではない。相互に補完し合いながら目的を果たしていった。

⑤ 局所対応と全体視野
各ボランティアは，即興の渦中において局所で没頭している。同時に全体への思いや配慮も重要であった。それが，活動の無用な重複を巧みに避け，全体としての効率につながった。セレンディピティともいえる不思議な調和があった。

⑥ 内省と気づきの共有
実に丁寧に朝礼，終礼をやっていた。ここでは，全体で起きていることの共有がなされていた。また，各班から今日の気づきやそこから業務改善の提案がなされ，日々オペレーションが変更，改善されていった。「なぜ，こんなに丁寧に内省をするのですか」と質問したところ，「素人集団で，まったくノウハウがなかったので，毎日起きたことを丁寧に振り返り，学んでいくしかなかったからです。学びながら，少しずつでも前に進むしかなかったんです」とのことだった。本研究でいう，協内省が自然発生的に行われていたのは注目に値する。

⑦ ユーモアの活用
かなり，深刻な事態の中，人の生死に関わるニュースが次々に入る状況の中であったが，塞ぎ込んでもことは動かない。深刻になり過ぎることなく，冗談を言い合い，ユーモアを忘れない明るさが，とても印象的であった。笑いには，悲しさを浄化する作用と場に一体感をもたらす作用があった。

結果，主体は独自性を発揮しながら主体同士で関係性をむすび，行動する中で臨機応変に方向性を定め，集合的な振る舞いを演じ，全体性を生成していった。既存の枠組みに固執することなく，日々変化する状況の中，変化に耳を傾け，認識を広げていく主体同士が，新しい律動を生みだし，成果をあげていった。それは，決められたルーティンをこなすだけにとどまらず，変化のただなかでことを起こしていく，動的過程そのものの組織となる。災害のボランティアに限らず，前例の踏襲が通用しない，現在の状況において広く応用可能といえよう。

第3項　全体性への思慮が促す自己組織化

先述の通り，ボランティア組織は，ニーズ班，マッチング班など，班制により機能分化していた。通常の企業組織も商品開発，製造，営業，総務など部や課を作り，ある機能に特化した体制としていることが一般的である。組織は機能に分けることによって，意思決定が及ぼす影響の幅広さに向き合う困難を克服しようとする(Senge, 2006, 27)。つまり，個人の認識力の狭さをカバーするためにあえて，組織の壁を作ることとなる。よって，壁は左右にも上下にも必要となる。フラットな組織，壁のない組織称賛の声もある一方で，認識力の限界から考えた場合，組織の壁に意味が見えてくる。敢えて閉鎖することで閉鎖された範囲の中で集中したり，専門性を高めたりできる利点がある。一方，閉鎖の弊害もある。コミュニケーションの不全や連携不足など，関係性の分断が起こる。また，壁の中での淀み，自己満足にもつながることとなる。停滞や不正の温床になることもある。よって集中と拡散，

閉鎖と開放の両方が必要となる。

　先述の通り，即興では，自他の行動の理解に加え，全体の理解も求められる。即興を演じながら，全体視野をもつことで，足りない部分の補い合いが可能となり，活動全体が機能する。まさに，集中と拡散，閉鎖と開放の両方が個別機能を全体機能へと昇華させるのである。

　個別機能を全体機能に昇華させることを，組織化もしくは組織化された行動(Haken, 1976, 19)ということができる。その組織化が，外部の統制者によるのではなく，主体同士の相互関係や相互理解によって成り立つとき「自己組織化(self-organizing)」と呼ぶことができる(Nicolis & Prigogine, 1977; Haken, 1976)。Scott et al. 他(2009, 9-10)は自己組織化を，「システムの下位レベルを構成している多くの要素間の相互関係のみに基づいて，システム全体のレベルでのパターンが創発する過程である」と定義づける。つまり，パターンの外部からの指示や制御ではなく，システム内部に起因する創発過程であるといえる。自己組織化とは，機械にはない極めて生命的な現象といえ，その本質は，自己が自己の仕組みに依拠して自己を変化させることにある(今田，2005, 1)。自発的に自己否定と自己超越を繰り返す，内発的エネルギーに満ちた主体と組織の姿が浮かび上がる[11]。

　さらに Scott et al. 他(2009, 10)は創発的性質について「システムの構成要素の性質をひとつずつ別々に調べるだけでは理解することはできない。そうではなく，それらの要素間の相互関係を考察する必要がある」と指摘する。

　そこで，主体同士の相互作用に注目して，集中と拡散，閉鎖と

開放の両方が個別機能を全体機能へと昇華させる事例として経営理念の策定から浸透までの取り組みを見ることとする[12]。従来からの施策として一般的なのは、トップもしくはトップに近い一部の人が作り、発信、カードなどを作り、唱和し、社内に貼り出し、ホームページに掲載する、というものとなる。しかし、押しつけとなるか、他人事になることが多いのが現状である。これでは、経営理念の存在自体が意味を成さないか、ひどい場合は組織活力を削ぐことにさえなる。単純化した安易な考え方と手法は禁物である。一定の方向性を示しながらも、主体の独自性が生かされる状況が望まれる。従来型を超えた新たな取り組みが必要なのは明らかである。

　新たな型について、あらかじめ決められた詳細な計画や手順があったわけではなかった。おおまかな方針を話し合って決め、経営理念の策定から浸透まで、各部からメンバーが集められるプロジェクト形式がとられ、試行錯誤で進めた。期間は半年から8カ月が要され、結果10段階が踏まれることとなった。具体的には以下の通りである。

① メンバーの決定

　いずれの企業においても、時限的プロジェクト方式をとった。メンバーの選定は、それぞれの企業の事情に合わせ、手上げ式と指名式双方があった。やる気を重視した点は共通している。ある企業では、アイルランドの探検家アーネスト・シャクルトンが1914年ロンドンで行った南極探検隊員募集の新聞広告を援用、次のような文章でメンバーを募った。「至難の旅に友求む。報酬なし。困難。何ヶ月にも及ぶ探求の日々。絶えざる努力。

成功の保障なし。成功の暁には社史に名を残す。自分自身への名誉と賞賛を得る」。

② 経営理念についての理解促進

そもそも経営理念とは何か，なぜ大切かを学んだ。併せて，自分が気になる会社の経営理念を持ち寄り，魅かれた理由や他社の取り組みを共有した。このことで，経営理念に対する感度を高めることができた。

③ 自分自身の価値観内省

これは「そもそも会社の経営理念を考える上で，自分自身の理念がないようではまずいだろう」ということで行った。自分自身が大切にしている価値観を見つめ直し，改めて深めることの効果は，予想を超えて大きかった。このことで，経営理念の大切さを実感し，取り組みに対する思いを深めることができた。経営理念という組織のものを，個人に引き寄せて考える"再意味化"の出発点になった。また，プロジェクトメンバーが，互いの価値観を共有することは，メンバーの関係性を親密にした。Jantsch(1980, 309)は「意味を求める欲求は，極めて強い自己触媒的要因となり，人間意識の進化を突き動かし，ひいては人類と宇宙の進化をも進める」とする。まさに浸透への始動であった。

④ 関係者へのインタビュー実施

「自社らしさとは何か」記憶に残るエピソードを集めた。会社の歴史に詳しい社員や引退した創業者，関係の深い取引業者や顧客に，インタビューを行った。ここで集まった言葉や物語が，経営理念の言葉の基となり，重要なヒントを与えることになった。この過程は個人と組織をつなぐことにも効果的であった。

メンバーの再意味化が促進され、メンバー以外にも再意味化のきっかけを与えた。物語の力は大きく、深く、共有化の萌芽が見受けられた。
⑤ 経営理念の青写真作成
インタビューで集められた言葉を精査し、整理した。似たような言葉でも、集めたエピソードや自らが体験した具体的シーンを思い出し、より自社らしさを表現している言葉を慎重に選んだ。また、聞きなれた言葉も、自分たちの体験という、フィルターを通ることで、自分たちに引き寄せられ、重さが増していると感じた。
⑥ 青写真についてヒアリング実施
大方まとまりつつある経営理念について、プロジェクトメンバーがメンバー以外の人達へヒアリングをした。プロジェクトメンバーだけでなく、多くの人が関わることを目指した。組織内に広く当事者意識を醸成する助けとなった。新しく作る経営理念の傍観者や評論家ではなく、共同創作者としてのスタンスを持ってもらうことに注力した。
⑦ 経営理念の完成
社長、取締役がオブザーブしていない会社は、ここで社長、取締役へのプレゼンを行い、必要とあれば微調整し完成させた。
⑧ ファシリテーショントレーニング
経営理念の発表会における、ワークショップに向けて、メンバーへファシリテーションのトレーニングを行った。双方向の気づきを促す場を創出するための技能と心得を修練した。
⑨ 経営理念発表と共有のためのワークショップ

プロジェクトメンバー，もしくはトップからお披露目の後，経営理念への思いが語られ，社員それぞれが，自分に引き寄せるためのワークショップが行われた。経営理念と自分のつながりを考える大切な機会となった。二項対立の"or"の思考ではなく，統合や共有など"and"の思考が重要である気づきがあった。経営理念を自分に引き寄せる再意味化により，皆のものになる共有化へ移りつつあるのが観察された。併せて，日々実践のための，今後の具体策や課題についても話し合った。

⑩ プロジェクト全体の評価，今後の展開決定

出された具体策について優先順位を決め，実行に移した。具体的には，毎日の朝礼で，経営理念に基づき決めた「行動指針」について話し合う時間をとる。ワークショップを定期的に実施し，行動を振り返り，今後の行動を決める。採用の際，経営理念に共感できるかどうかを重要な項目にする。経営戦略策定や新規ビジネスの立ち上げにあたり指針とする。研修に経営理念に関するプログラムを入れるなど重層的な取り組みを続けている。以上がプロジェクトの全体像となる（図5－1参照）。

なお，図における番号は，実施した順番を記した。

今回のプロジェクト中において，質問とそこから促される内省の重要性を実感する場面が多くあった。内省による気づきが，従来あった言葉の意味を深く問い直す再意味化を促した。この再意味化が浸透の原動力となった。特に効果的だった質問は以下のものであった。

● 自分に引き寄せる質問

「経営理念の作り手はどんな思いや夢を込めたのか」

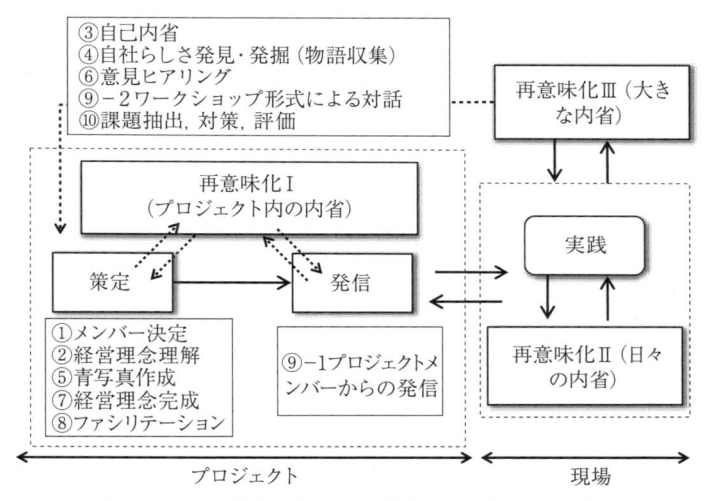

```
┌─────────────────────────────────┐
│ ③自己内省                       │
│ ④自社らしさ発見・発掘（物語収集）│         ┌──────────────┐
│ ⑥意見ヒアリング                 │ ‥‥‥‥‥│再意味化Ⅲ（大き│
│ ⑨−２ワークショップ形式による対話│         │ な内省）      │
│ ⑩課題抽出, 対策, 評価           │         └──────────────┘
└─────────────────────────────────┘
```

図５−１　経営理念策定，浸透プロジェクト過程

「○○という言葉を自分なりに言い換えるとどんな表現になるか」
「経営理念の中で特に気になるフレーズは何か，それはなぜか」
「10年間やり続けたら自分と組織にどんな変化があるか」
「まったく実行しなかったらどうなるか」
●実践をともなった日々の振り返りを促す質問
「○○を体現する具体的な行動として今までやってきたことは何か」
「これからやってみたいことは何か」
「今すぐできることは何か」
「顧客の立場で考えたとき何をしたらいいか」
●大きな節目での振り返りを促す質問

「そもそもこの経営理念は真なのか」
「やりきることで幸せになれるか」
「時代とずれていないか」
「自分が経営理念の作り手だったら,どんな言葉を入れ込むか」
「手段が目的化していないか」

　今回の助言業務では,従来ありがちであったトップもしくは一部のプロジェクトメンバーが策定,発信し,現場へ落とされるという,直線的なトップダウンアプローチだけでなく,策定段階,現場での実践段階,そして節目の3段階において質問と内省を行った。結果,過程に三つの再意味化のフィードバックループが組み込まれることになった。過程を重視することで,経営理念が磨かれ,エネルギーが吹き込まれた。トップダウンでもなくボトムアップでもない「ミドルアウト」(mintzberg, 2009b, 141)ともいえる方策である。

　そして,経営理念自体が目的であるとともに,経営をより良くしていく有効な手段として生かされている状態になった。企業の未来像,目的,価値観について,自分の言葉に置き換え,話し合い,納得を大切にした。そのうえで,日常の行動に落とし込むスタートが切られた。つまり,再意味化することで共有化に進み,結果として浸透の道筋が見えた。浸透は結果であり,浸透が目的化すると強制になるという気づきも重要であった。プロジェクトメンバーはもちろん,それ以外のメンバーからも「経営理念と聞いても遠いものとしか思っていなかったが,日々の仕事に直結していることが腑に落ちた」,「今まで自分なりにやってきたことの方向性が間違っていなかったことを知って力を得た」などの感想

があった。

　"楽しさ"は個別的，内発的であり，メンバーそれぞれの独自性が尊重され，自らの内発性によって醸成される。経営理念においてもトップダウンの命令や強制であってはならない。還元主義ではない，共感による自発性が鍵になる。自発的な共有化のためには，以下の三つがはずせない重要ポイントである。
① 個人の価値観と経営理念の重なりを発見，確認する。
　まずは個人としての価値観を自らに問い掛け，内省することが出発点である。自分の大切にしている価値観や使命を問い直すことで，個人と組織双方にとって基軸を持つことの重要性が実感できる。また，個人と組織の価値観の根本的な一致点について確認することで，マネジメントパラダイムが，強制ではなく，共振となる。
② 事業の社会的意義，貢献について共感，共有する。
　経営理念が，ある程度の幅広い解釈を許容する抽象度をもつこと。そしてメンバーの誇りとなる崇高な精神性を兼ね備えていることである。心が揺さぶられる，やる気が引き出されるような言葉とそれを想起させる物語が重要である。併せて，社会的意義に共に取り組む仲間意識が重要である。
③ 日々の行動レベルへ落としこみ実践する。
　経営理念自体は抽象度が高い。それを日常の意思決定や行動の基準とするために，各部署，各自へ落としこまれた具体性が必要となる。そして，実践することで行動や思考に対して，失敗や成功のフィードバックがある。フィードバックがあることで，行動が真剣になり，学習が進む。学習は真剣な行動があって初

めて促されることに注意したい。その際，効果的な質問と内省が原動力となることも忘れてはならない。

こうしてみると，経営理念とは，主体の自由を制限，統制するものではなく，一定方向での自由を許諾する状態にすることが，組織のエネルギーを増加させるうえで欠かせないということができる。自由の許諾とは，自由に振る舞いながらも，完全に離れない，共通言語としての基準として機能しているということである。主体の観点からすると，最大限の自由があるというよりも，限定された一定の範囲の中で自由に振る舞うことができる，さらにはその限られた自由を最大限生かすことができることが重要となる。

そして，全体の理解には，機能面だけでなく，価値観や方向性，理念の共通理解も重要となることがはっきりとわかった。Mintzberg(2009a, 223)は組織について，「自分の担当業務のことしか考えない個人の集合体ではない。システム全体に気をかけ，システムが先々まで生き延びるように気を配ることを忘れない責任感ある個人のコミュニティこそ，健全な組織といえよう」と指摘する。責任をもって自ら仕事に取り組む主体が，価値観を共有することで，部分活動の単なる寄せ集めではない，集団としての特徴が生まれる。さらに注目すべき重要なポイントは，その集団の新しい特徴は，各部分が持つ特徴を何かしら宿していることである。個としての主体の特徴を宿しながらも，全体として新しい特徴を創出することとなる。

自己組織化とは，自らの力で自らを作り変えていく動的営みとなる。自らの中に変化の予兆を感じ取り，新たな自分を立ち上げていくには，自らに向き合い，自らの拠りどころを深く知り，組

織の存在意義と響き合わせていくことが肝要である。それが，組織の進む方向性を示すこととなる。端的に表現すると三つの質問が，自己組織化を促すと言えよう。三つとは，「私は誰か」，「私たちは誰か」，そして「私たちはどこへ行くか」となる。

以上，即興の観点から，ボランティア組織の事例では，主に"関係性"の側面から，経営理念浸透の事例では主に"全体性"の側面から，それぞれ共振する組織過程を検討した。

共振過程をまとめるうえで"ブレンド"という概念を援用する。ブレンドとは洋酒や煙草などで，種類や品質の異なったものを混合することをいう。ブレンドには単なる総和を超える，質的変化を伴うところに要点がある。例えば管楽器を主体として演奏される吹奏楽では，このブレンドという言葉が，良き演奏の鍵として頻繁に使われる[13]。それは，吹奏楽の大きな特徴が，個々の楽器の音色が優先されるオーケストラに比べ，音と音を合わせることで魅力的な音色を生むことに力点が置かれるからである。クラリネットの音に，低音部を担当する木管楽器のファゴットの音をブレンドすると，ファゴット自体の音は表面上聞こえないが，クラリネット単独とは確実に違う音色が生まれる。独自性と独自性のブレンドから創出される響き合いの妙があるといえよう。

独自性ある主体のそれぞれ違った音色がブレンドされ，響き合うことで共振が生まれる。それには，局所に没頭しつつ，関係性をもった主体同士の全体性への思慮が連鎖し，動的に相互作用することが求められることが明らかになった。

第3節　学習過程

第1項　組織が学習する意義

　Fromm(1977, 123)は，「もつこと(having)」と「あること(being)」の違いに着目する。そして，これらを人間存在における，二つの基本的存在様式としてとらえ，それぞれの強さが個人の性格やさまざまな型の社会的性格の違いを決定づけるという論理を展開する。Fromm(1977)は「もつこと」を「存在的にもつこと」と「性格学的なもつこと」の2種類に分けて考える。「もつこと」は，人間存在の存続にとって必要不可欠である。合理的な方向を持った衝動であり，生命を保つために求められてしかるべきであろう。このような形で持つことを「存在的にもつこと」と命名した。これに対し，単に保持し守ろうとする情熱的動因は，生まれつきではなく，社会的条件を原因とする，性格を異にする「もつこと」があるとする。これを「性格学的なもつこと」と呼ぶ。「存在的にもつこと」と「性格学的なもつこと」の違いに注目すべきであろう。なぜなら「存在的にもつことは，あることと衝突はしない」のに対して「性格学的なもつことは，必然的に衝突する」からである。

　第2章で述べたように「性格学的なもつこと」が偏重されているのが，現代社会の病といえよう。ものをもつことが，自己のアイデンティティや価値を表現し，証明する根本条件になっているようにも見える。Fromm(1977, 113)はこうした存在様式は，「客体と主体の双方を物にする」ことになり，「生きた関係ではない」とする。「主体と客体との間の生きた生物的な過程によって確立さ

れる」関係と明確に峻別するのである。

　Fromm(1977)の主張はAckoff(1986)の言う,「稼ぐこと(earning)」と「学ぶこと(learning)」の対比とも符合する。Ackoff(1986)は,単なる量的拡大としての「成長(growth)」と対比し,「発展(development)」概念を提示する。「発展(development)」は「能力と適正の増加(an increase of capability and competence)」であり,「稼ぐこと(earning)」よりも「学ぶこと(learning)」に力点が置かれる。

　山本・加藤(1997, 45)は,Ackoffに依拠し経営発展論を提唱する。経営体を「環境変化に対応して存在目的を常に再定義しつつ,その目的を計画的に実現しようとする主体的発展過程」として捉えた。「存在目的を常に再定義」するには,目の前の量的拡大としての「稼ぐこと(earning)」よりも,中長期的な視点での,質的向上,時には変態と言われるぐらいの大きな変化としての「学ぶこと(learning)」が重要になる。「学ぶこと」により「あること」,そして「なること」が見えてくるといえよう。同じように今井・金子(1988, 179)は,「根本的な変化がいつでも起こりうる環境においては,一つひとつの結果を覚えておくよりもプロセスにおける学習の経験を重視しなくてはならない」と言う。既存の知識を覚えることも必要であろうが,変化が加速化し,前代未聞の事態も起こる状況では,知識の陳腐化は必至であるばかりでなく,役に立たないことも想定される。すると,学習する方法,型を体得することが重要であることがわかる。Argyris & Schön(1978)の示す「学習のための学習(deutero-learning)」である。ここでは,既存の文脈内での修正活動としての,「シングルループ学習」と,文脈の妥当性を問い直す変革活動としての「ダブルループ学習」が示される。併せて,

Hedberg(1981)による「学習破棄(unlearning)」の概念とも通じる。時代や状況に応じて、有用性や妥当性の低い知識を捨て去ることも必要となる。ここには、否定することで新たに生成されるダイナミズムがある。前述の"習う→忘るる→証せらるる"とも符合する。また、イノベーション概念の祖Schumpeter(1977, 180)の名言、「郵便馬車をいくら連続的に加えても、それによってけっして鉄道を得ることはできない」も同様のことを示しているといえよう。

加えて「学習の経験」が多様であることで、示唆は豊かさをますこととなる。協奏の含意をくめば、学び合う、組織ぐるみでの学習に留目することが肝要であろう。

つまり、組織でおこなう多様な学習に注目することによって、組織は、将来に向け、変態を遂げる動的過程となるのである。また、「稼ぐこと」の多くは、過去の行動の結果と見ることができるだろう。その意味から、現在の学習が、将来の行動を決定づけ、その行動が結果として稼ぎにつながる循環構造となっていることがわかる。

第2項　没頭から始まる変態

Kauffman(1995, 29)は、「生命は多くの場合、混沌と秩序の間の平衡が保たれた状況に向かって進化する」と指摘する。そして、「混沌と秩序の間の平衡が保たれた状況」を、「カオスの縁」と呼ぶ。「カオスの縁」とは、「秩序と意外性の妥協点」のことであり、「生命は『カオス』の縁に存在する」ことになる。「カオスの縁」についてNicolis & Prigogine(1989, 13)は「組織化された複雑性(organized complexity)」と表現する。彼らによると「近辺にあるネットワーク

が，複雑な諸活動を最も調和的に働かせることができるし，また進化する能力を最も兼ね備えている」ことになる。生命力が高まり，生き生きと活性化するのは，あまりに秩序だった状態でも，自由度が高すぎる混沌状態でもなく，その中間の状態といえる。さらに，Kauffman(1995, 29)は「カオスの縁」での活動について次のように言う。

> 長時間にわたる予測はあきらめなければならない。われわれ自身の最善と思われる活動がもたらす真の結果は，知ることができないのである。われわれ演技者は，部分的に賢く振る舞うことはできる。しかし，長期的に見て賢く振る舞うことはできない。われわれにできることは，身を引き締めて何とかできるかぎりのことをやっていくしかない。

「身を引き締めて何とかできるかぎりのことをやっていく」とは，散漫にならずに目の前のことに，今，ここで没頭，没入し，精一杯取り組むことであろう。良き生命活動とは，不確定，不透明な状況の中，精一杯取り組み，没頭することであり，その没頭し行動し続けることが，よりよい未来をつくるうえで重要であることが示唆されよう。

没頭，没入については，禅においてその核心を示すこととして論じられている。鈴木(1987, 14)は，禅の定義として「禅は，仏教の精神もしくは真髄を相伝するという仏教の一派であって，その真髄とは，仏陀が成就した『悟り』(bodhi, 菩提)を体験することにある」と述べ，「禅の意図するところは，つねに智慧が眠っている意識の奥底から，その智慧を喚び覚ますことにある」とする。つ

まり,禅の目的は,「悟りの体験」であり,そのためには,「智慧が眠っている意識の奥底から,その智慧を喚び覚ます」ことが必要であるということとなる。これを,きわめて端的に表現すると,「生き生きと生き抜く」(田里,1973,まえがきvi)ということであり,道元は自己のもっている機能を全部発揮するという意味で,「全機現」と表現する。

剣を比喩に禅の極意を示す逸話として,次の物語がある。

ある日,一人の武士が柳生宗厳を訪れた。その武士は,何年もたずね求めていた親の仇をやっと見つけ,明日がその者との勝負の日だという。しかし,家貧しく,生活に追われていたその武士は,今まで,刀法を学ぶ機会がなかったという。そこで,その武士は天下に比類なき剣の達人に,敵に勝つ術を教えてもらいに来たのだった。涙を流し哀願する武士を憐れみ,宗厳は伝えた。「剣の使い方はいろいろあって一朝一夕で学べるものではない。しかし事はもう明日に迫っている。教えてやろう。一つある。それはまだ他に伝えたことはないが,こういうことである。刀の切っ先で人を斬る者は敗れ,刀のつばで人を斬る者は勝つ。敵にあったら,つばで斬れ。これが一言でいえる極意だ」(田里,1994, 162-163)。

同じように絵を描く極意として,自分がそのものになって描くと言われることがある。鈴木(2003, 93)は,「梅を描く場合,梅の外観のみにとらわれないで,その精神を見る」としたうえで,「自分を没入することによって獲られる。そのものの中に入って,そのものになり切ったときに,初めてそのものの真面目が分かるということとなる。それが人間にできるというところに人間の卓絶した働きがある」と指摘する。

また，道元の『正法眼蔵』の核心を示す，「現成公案」の一節を先述した。これも同じ境涯を語ったものである。「ならふ」とは，「じゅうぶん知り尽くす」ことである。田里(1994, 135-136)はさらに，「命がけで繰り返し，繰り返し一つことを習い性となるまで，この身心にたたきこむことである」という。つまり，仏の道を知るには，徹底して己を知り尽くすことだということである。何を習うにしてもまずは，自らが何者なのかに深く入り，自己を確立しないことには，上達することはない。何よりも自己を修めることが先決となろう。

 また，道元は「身心を挙して色を見取し，身心を挙して声を聴取する」とも言う。身だけでもなく，心だけでもなく，全身全霊でことにあたるということとなる。心をこめて，そのものになってしまった如く，溶け込むことである。禅ではこのことをひとことで「一如」と表現する。一体といっても違うものが，まったく同じものになることはできない。そこで，一如が大切となる。一つの如し，である。同一になるのではなく，まるで一つになった如く，一体感をもってことにあたるのである。対人の場合も同じとなる。苦しんでいる人がいれば苦しみを感じ，楽しんでいれば楽しみを共感し共有する。その人の立場に成り切ってみるということが鍵となる。一如とは行動する者が対象と一体になることである。対象に「密着」することである。対象と一体になるということは，対象とは異身であっても「同体」となって，「一つの行動」の中に，共に溶け込むことである(田里，1973, 137)。対象は，ものごとだけではない，他の主体も含まれる。徹底して関わることで，湧きあがる楽しさについて，製造業E社の営業課長は次のよう

に語る。

半年間，一人の部下と挑戦的な目標を定め，二人三脚で取り組むプログラムがありました。やり切ってみてわかったこと，それは人育ての勘所は，耐えて，耐えて見守ること。まず，自分の価値観をしっかり見つめ直すこと，そして，徹底して，関わること。関わってみて初めてわかりました。関わった気になっていた自分が。家に呼んだり，飲みにいったり，かなり面倒見が良い上司だと自負していましたが，浅かった。真剣勝負でぶつかり合う，これができてなかった。厳しいやり取りができてはじめて，人が育つ。育った部下の姿を見るのは本当に嬉しいですね。

内容の濃い，時間と空間を共にすることで生まれる関係はひとしおであろう。"相手の立場に立つ"ことが，徹底されたとき，一如となり，学習が生まれる。

田里(1973, 102)はこの「一如」こそが「禅の秘密」であり「道元の秘密」であると重要性を強調する。「一如」とは禅における悟りに至る方法論であり道筋なのである[14]。

一方，楽しさの構造モデル，フロー理論においても，没頭，没入は，鍵概念になる。フロー状態が生じるときの「普遍的で明瞭な特徴」としてCsikszentmihalyi(1990, 53)は「自分のしていることにあまりに深く没入しているので，その活動が自然発生的，ほとんど自動的になるということであり，現在行っている行為から切り離された自分自身を意識することがなくなる」とする。道元の『正法眼蔵』「現成公案」と照らし合わせて検討する。前半の「あまりに深く没入しているので，その活動が自然発生的，ほとんど自動的になる」は，「現成公案」における「自己をならふ」と同義であり，

後半の「自分自身を意識することがなくなる」は、「自己をわするる」と同義といえよう。

さらに、「自意識の喪失は、自分という存在の境界が押し拡げられたという感覚にまで、自己超越を導き出すことができる」(Csikszentmihalyi, 1990, 64) とする。これは「万法(自然)に証せらるる」と重なる概念となる。以上みたように『正法眼蔵』の核心「現成公案」との一致はきわめて興味深いとともに、没頭、没入が主体と組織の変容にとって極めて重要であることがわかる。

引き続き、フロー理論を通じて、主体と組織の変容、学習のダイナミズムを更に検討していく。フロー理論では、三つのモデルが提示されている。本研究では、学習のダイナミズムを端的に表している、初期モデルをとりあげる。

このモデルでは、経験を、3領域でとらえている。挑戦と能力のつり合った「フロー」、能力に対して挑戦が低い「退屈」、反対に挑戦が高いが能力が低い「不安」である。

入社したばかりの、新入社員を例に見てみることとする。彼(彼女)は右も左もわからず、不安である(A)。仕事に対する能力も低い。しかし、日を重ねるうち能力も磨かれ、やがて第一段階のフロー領域に入る(A1)。はじめて仕事の達成感や充実感、楽しさを体験する。さらに、先輩や自分より高度な仕事をしている人の姿を見て、今より高度な仕事に挑戦する。すると、今の能力ではうまくいかないので、再び不安になる(B)。スランプ、壁に突き当たると感じる時期である。そこで、能力を磨き、再びフロー領域に入る(B1)。以前とは一段上がった、一皮むけた時期である。しかし、能力が向上したのにもかかわらず、新たな挑戦をしない

と，やがて新鮮さを失い，退屈の領域に入る(C)。マンネリといわれる段階である。新たな課題に挑戦することで，マンネリを脱することができる。

注目すべきは，最初に入ったフロー状態A1に比べ，高度な能力と挑戦のバランスしたB1のほうが，より複雑で，高度なフロー状態になっていることである。一度フロー状態に入った主体は，より高い水準でのフローを求めることで，学習の階段を上がることになる。フローを一度経験することで，その意識状態を繰り返し経験することを渇望するからである。つまり，「フローのエピソードを重ねるにつれて，人はより独自性をもち，ありふれた型から抜け出して，より希少な価値をもつ能力の獲得に夢中になる(1990, 41)」状態となる。楽しい状態(state)の中に段階(step)を包含していることは注目に値する。つまり，不安領域から能力向上，退屈領域からの挑戦，双方を繰り返しながら，主体は，学習の段階を上がることとなる(図5-2参照)。

こうして，学習の階段を上がることを，Csikszentmihalyi(1990, 41)は，複雑(complex)になると表現する。そして，複雑さは二つの結果であるという。二つとは，差異化(differentiation)と統合化(integration)となる[15]。差異化とは「独自性や，他者から自己を区別(separating)する傾向」であり，統合化は「他者との結合(union)であり，自己を超えた思想や実体との結合」とする。そして，注目すべき重要な点は，「複雑な自己とは，これらの相反する傾向を結びつける(combining)」とすることである。差異化した主体は，他の主体や全体と関係性をもつことで，優れた機能を発揮することができる。差異化だけでは，一人を超えた成果は望めないし，

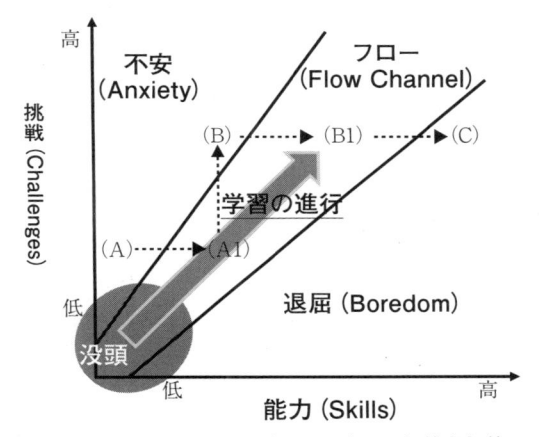

第5章　関係性を意識した組織の協奏過程　185

Csikszentmihalyi（1990, 74）に一部筆者加筆
図5－2　フロー（Flow）状態の初期モデル

差異化されない統合化では，独自性に欠けることになろう。矛盾する二つ，両方の包摂が，学習を進める鍵であることを強調しておきたい。また，フロー状態に入ることはそう容易いことではないことを付け加えておきたい。「最良の瞬間は普通，困難ではあるが価値のある何かを達成しようとする自発的努力の過程で，身体と精神を限界まで働かせ切っている時に生じる」（Csikszentmihalyi, 1990, 3）のである。決して消極的な，受け身の姿勢からは生まれない。これは，禅において鈴木（1987, 65）の「禅の真理は，全人格の総力をつくして当たらねば，決して得られない。路は棘と茨におおわれている。よじ登る足もとは滑りやすく，危険この上もない。これは遊びごとではない。生涯の最高の大事である」という指摘とも重なる。

以上，禅とフロー理論を同期させ検討することで，一心同体，心を込め，全身全霊で没頭，没入することが，変態の出発点であり，原動力は"楽しさ"にあることがわかった。積極的に今日生きることが，よき日という意の"日日是好日"の境涯により，日常の刻一刻に真理が宿ることに通じる。そして，学習とは，知識の習得に止まることなく，目の前の経験に没頭し，悪戦苦闘，試行錯誤を繰り返し，内省することで育まれることが明らかとなった。さらに，矛盾の包摂が重要な鍵であることも確認することができた。

第3項　学習する組織のダイナミズム

　学習する組織のダイナミズムの要点は何であろうか。主体の果たす役割，主体同士の関係性の観点から検討する。
　卸売業・小売業Ｉ社の副店長は，年上の部下からの進言による意識の転換について下のように語った。

> 部下から，「すごく頑張っているあなただからいうけど，店長とうまくいってないでしょう」と言われました。絶対に部下には気づかれていない，隠せていると思っていたのですが，お見通しだったのです。部下は，業務を抱え苦しんでいる私を心配してくれました。私と店長がうまくいっていないことで，店舗が暗くなっていることに気づきました。そして，その言葉がきっかけになって，もう一度店長と話してみようという気になりました。店長からのやらされ仕事に疲れ切っていた自分が，うそのように変わることができました。勇気をもって言ってくれた部下のお陰です。

　この部下は，組織を良き方向に導いたという意味で，この瞬間

リーダーであった。職位には依存しないリーダーシップを発揮したといえる。そして部下からの言葉で気づき,行動をし始めた副店長もまた,リーダーである。リーダーシップのリレーともいえる現象である。時と場合によってリーダーが入れ替わる,全員がリーダーシップをとる可能性があることに注目すべきだろう。カリスマ性ある一人のリーダーは想定されない。参加者全員の当事者意識,主体性が強調される。全員参加型,草の根型(Selznick, 1949)のリーダーシップスタイルとなる。しかも,当人達は自分がリーダーであることを意識もしていない点が注目に値する。

関連深いこととして,非常時の対応事例について見てみたい。2011年に発生した15個目の台風,日本に上陸した3個目の台風,台風15号は,9月21日には東海,関東,東北地方を縦断,特に首都圏では帰宅と時間が重なることとなった。公共交通機関が軒並み運休となり,東日本大震災以来の多くの帰宅困難者を出した。後日,この件について都内勤務の数名のマネジャーの話を聞くと特徴的な二つの話があった。

パターン①
会社の人事部の通達を待つケース
「まったく,うちの人事部は学習能力がなくて嫌になっちゃいますよ。3.11の教訓がまったく生かされてない。帰宅指示が出たのが,午後3時。遅すぎますよ,決断が」

パターン②
会社の人事部の通達前に判断するケース

> 「会社からの通達は待ってられませんでした。厳密にいえばコンプライアンス違反なんですが，女性は帰しちゃいました。お子さんのことも心配でしょうし。優先すべきは，安全と思ったので」

　確かに多くのマネジャーがもらしたように，人事部は学習能力や決断力に欠けていたかも知れない。しかし同じ状況に置かれたとき，当事者として主体的に決断，行動したマネジャーと受け身で動けなかったマネジャーがいたことは事実である。パターン②のマネジャーは部下の安全を守るという，自分の軸を貫く行動をとった。

　また，大手製造業の部長は，「組織は，経営者が変わらないと変わりませんよね。中間管理職は結局，大変なだけじゃないか」という質問[16]に対して次のように発言した。

> 確かにやれることは限られているかも知れません。しかし壁にぶち当たったとき，自分そして，自分達は何ができるかって内省するんです。すると，やれるのにできていないことが，びっくりするくらい沢山あることに気づかされます。だから，やれることをやっていきます。ただそれだけなんです。そして，色々なことができる中間管理職という立場，一緒にできる仲間，そもそも仕事があるってことが有難いと思います。中間管理職の仕事は楽しいと思ってます。

　原因を外に求める思考傾向は誰にでもあろう。リーダー不在論や強いリーダー待望論の根底にあるのもこうした考え方の露呈であろう。しかし，それは，他者依存であり，責任をとらない仕事の仕方ともいえよう。楽しい仕事とやらされ仕事があるのではな

い，どうとらえるかは，自分次第といえる。自らの運命の支配者（Jantsch, 1980, 241）になることが肝要といえる。他人事として，批判しているうちは，問題が解決することはないだろう。ましてや未来を創造することなどできるわけはない。一歩踏み込み，当事者になってまずやれることをやってみる行動が，突破口の発見につながる。リーダーシップとは，なす術がないと思える状況下においても，求めてやまぬ湧き上がるエネルギーによって，まだ見ぬ未来を手繰り寄せ，紡ぎ出すことである。併せてその当事者意識のエネルギーは，関係性の中でより力強くなることも注目すべき要点となる。

　関係性を考えるうえで，製造業E社における以下の事例がある。同社では，中間管理職が12名集まり，2010年6月より約半年間，30回にわたり，お互いの内省からの気づきを共有する，協内省を中核とするミーティングを週に1回繰り返した。最終回において，参加者のひとりから，「われわれが解決すべき会社の問題は何だろうか」という疑問が投げかけられた。すると何名かから，実は自分も同じことを考えていたということになり，全体で話し合うことになった。話し合いを始めると全員の問題意識はほぼ一致しており，「製品の品質安定について」であることがわかった。「世に役に立つ製造業として，品質が安定しないことは致命的であり，使命を果たしていないことになる」という発言から，思いは皆同じであることが確認できた。参加者は，製造，営業，開発部門から構成されており，それぞれの部門の連携の重要性が確認され，具体的な枠組みについて話が進もうとしたとき，製造の責任者が重たい口を開いた。「実は，3年前に品質安定について考え，全

社を連携する仕組みについて提案書にまとめたことがある。その時は結局，提案せずに，今でも机の奥にしまいっ放しになっている。時間が経っているし，そのまま使えるほど精度は高くないが，叩き台にはなるかもしれない」。緻密な分析を得意とするその製造責任者の提案書であれば，かなり内容の濃いものであることが，他の参加者には容易に想像できた。そこでその提案書を基に話を進めることになった。参加者は，現在でも通用する部分が多い，提案書の内容のレベルの高さに驚くと共に，なぜその時，提案を上げなかったのか疑問の声が出た。それに対しその製造責任者は，「提案を作ってみたものの，提案するまでの勇気がどうしても湧かなかった。しかし，今は思いを同じにした仲間がいる。エネルギーをもらった」と答えた。やがて提案はまとめられ，役員会に提出された。提案はほぼ通り，結果，品質安定のためのプロジェクトチームがオフィシャルに編成されることになった。

　こうしてみると，当事者意識をもった主体が起点となり，関係性が育まれることで当事者意識が連鎖，組織の活力が増すことがわかる。その際，時空間を共にすることも重要である。時空間の共有は量，質ともに大切である。そして，質を高めることに大きく貢献するのは協内省の営みである。協内省では個人的な気づきを発露し合うことを特徴とする。個人的な気づきは，心の内面的なことがらである。それを見せることは，初めのうちは勇気が必要であることが多い。しかし，参加者の内何名かが内面の発露をし始めることでその輪が広がり，やがて参加者全体の自己開示へと進む。自己開示の連鎖は，まず，お互いの心の壁を取り払い，安全と安心の場をつくり，仲間意識[17]を育む。次に，仲間意識が

信頼へと進展していく。そして、その信頼が自己開示をさらに進める。お互いを高め合い深め合いながら、自然に関係性が育まれていく。言い換えれば、"当事者意識"が"参画意識"に昇華することで、組織の生命的な躍動感が上昇するといえよう。

　ある意味"メダカの学校"のように"誰が先生か生徒かわからない"のが組織学習の姿といえるであろう。教える人と教わる人の二分や還元主義はない。全員が主体者であり、当事者となるのが組織学習の本来の有り様である。そして、学習する組織のダイナミズムを考えたとき、リーダーシップもまた、全員がリーダーシップをとるところに学習する組織の特徴がある(Mintzberg, 2004; Seifter & Economy, 2002)。強烈なコントロールの担い手は存在しない。他者の経験を自分に引き寄せ学習の糧にする、他者の経験からの気づきを聴き、受け入れる。互いの経験から学び合う、こうした協内省を通じた、組織ぐるみの学習により、個人としての学習をより充実させることができる。協内省におけるコミュニケーション[18]で特に要点になるのは、①徹底した傾聴による他の主体の受容、②質問による気づきの相互促進、③忌憚のないフィードバックによる盲点への接近となる。その際、質問やフィードバックから内省を深める力、ときには"耳の痛い"指摘も受け入れる精神的成熟、度量が要求される。エゴや自己顕示による心の壁があっては、学習の場が形成されない。"大きな耳"が要求される。健全な形で自己否定、自己超越を相互に行えることが重要である。それは時としてかなり厳しい真剣勝負ともいえる切磋琢磨の場となる。そうした自己否定と自己超越が連鎖した場には熱気が湧きあがってくる。その熱気が場の学習の質を変え、今までにないも

のごとの創造が起きる。そして，リーダーシップは誰か一人がリードするのではなく，関係性(relationship)の連鎖へと進展していく。

　生きるとは，自分の中の可能性を広げていくことにある。いうなれば内側から自己の世界を押し広げ，自らを変え，今まで見えなかったものごとを，新しい世界を見るようになることである。Jantsch(1980, 8)が言うように「前方に手を伸ばし，次のレベルに到達しようと努めること，自然プロセスの自己超越には喜びが，生命の喜びがある」ということであろう。自分の可能性の広がりに，本質的な喜びがあふれ出ることになる。発揮できていない可能性の余地を考えると，リーダーになるとは，可能性の開花であり，真の意味で"自分自身になる"こととともいえよう[19]。

　そして，自分の中の可能性を広げる，自分自身になるということは，一人で行うより，関係性において行うことで，可能性に多様な彩りを添えることが重要になる。自己の限界を乗り越え，新しい境地に立つ喜びは，組織ぐるみの達成になったとき，より動的になる。自己創造は組織創造になり，組織創造は自己創造を加速させる。組織の喜びは個人の喜びに個人の喜びは組織の喜びへと転化する。転化することで個人の喜びがより深みを増す。個人に閉じた学習から，学習の単位を組織に拡げる意義はここにあろう。つまり，組織学習は，より豊かに生きることにつながり，それこそが本質的な楽しさに根付いた学習としての"楽習"とも呼ぶべき姿の本質であろう。多様な可能性を花開かせてくれる関係性が，生命にとって本質的な楽しさであり，学習の源泉となる。様々な存在が相互作用することで，響き合い，協奏が生まれ，不確実性のなか試行錯誤しながら共に進み，価値が創出されよう。

[注]

1) Sternberg(1998)は6つのアプローチで整理する。①神秘主義的(mystical)、②実際的(pragmatic)、③心理動的(psychodynamic)、④心理測定的(psychometric)、⑤認知(cognitive)、⑥社会―人格(social-personality)である。
2) 2009年10月24日、広島大学で行われた、日本経営教育学会第60回全国研究大会統一論題報告、同社取締役統括部長の高本光氏の報告及び、その後のインタビューによる。
3) Bruch & Ghoshal(2004, 56)は、ドイツの心理学者アッハが、閾値を超える前の願望状態であるモチベーションと、閾値を超えて断固とした揺るぎないコミットメントに変わった状態である意志を明確に区別したことを指摘し、意志の力について「ある特定の意図に対して個人的な深い愛着を感じることでしか生まれることのないコミットメント」であるとする。
4) 海老澤他(1999)は、「漢字の『創』の文字は刀をあらわす立刀をふくんでおり、刀で木を削って形造るという意味を持つ。すなわち量的な増加のみではなく、同時に質的に異なるものへの変容も表している」ことを指摘する。さらに質的な変化という観点からすれば、量的には拡大も縮小もあることの示唆とも受け取れる。
5)『ふでばこ』(2006)醂燈社、99ページ。
6) 2009年12月4日神奈川大学国際経営研究所主催シンポジウム「伝統のなかの革新 ―見えない資源に着目して―」株式会社セラリカ野田、野田泰三社長講演及び同日インタビューより。
7) Whitehead(1978, 25)は「現実的存在(actual entity)」について、「自己―同一性(self-identity)を自己―多様性(self-diversity)に結びつける」という。そして「自己―同一性(self-identity)を失わずに自己―形成(self-formation)において多様な役割を演ずること」を、「自己―創造(self-creative)」とよぶ。この「自己―創造(self-creative)」は創造の過程において、「役割の多様性(diversity)を整合的(coherence)な役割へと変形(transformation)する」。自己が自己を作ることが創造の営みであり、そのためには動的変化の継続が欠かせないと理解できよう。
8) 類似の言葉として、共感(empathy)、共鳴がある。共感は、感情や心理状態、主張に対して同じように感じることであり、感情の側面からのアプローチといえよう。一方、共鳴は、振動体が他の振動体の作用や影響によって、固有の振動数で振動することであり、状態の側面を表し、共振と同

義といえよう。本研究では，主題の協奏(consonant)概念との連なりで，響き合いの意味合いをより表現するため，"共振"を採用することとする。
9) 関連が深いこととして，吉川(1984, 71)は日本の伝統音楽を，固定した音楽ではなく，流動的な音楽であるととらえ，「見計らいの音楽，勘の音楽」であるとする。そして，その根源を禅の思想「不即不離」にあるとする。「ある旋律的パターンとほかのパターンが不即不離であること，前の段(楽節)とつぎの段との関係が不即不離であることが，日本の伝統音楽の大きな特徴といえる」と指摘する。さらに「そのような関係を許す心―むしろ，そのようなものを好む心，そのような音感，音楽観が，日本人にはある」という。日本の音楽に見られる，見計らいといった関係性のあり方は，特に"相手を見る目"に符合する。
10) 社会福祉協議会とは，社会福祉法第109条にもとづき，社会福祉の推進を図ることを目的に全国・都道府県・市区町村のそれぞれに組織された民間福祉団体である。名取市社会福祉協議会のホームページによると「地域住民や社会福祉関係者等の参加・協力を頂きながら活動することを特長とし，民間としての『自主性』と広く地域住民や社会福祉関係者に支えられる『公共性』という二つの側面を併せ持った組織です。『誰もが安心して暮らせる福祉のまちづくり』をめざして，地域住民，ボランティア，NPO，福祉関係者と連携を図りながら福祉活動を展開しています」とのことである。名取市社会福祉協議会は1955年4月1日に設立，会長を佐々木秀典氏が務める。佐々木氏は今回のボランティアセンターのセンター長も兼任しておられた。
11) 今田(2005, 190)は「リフレクションこそは，自己組織化の要となる視点」としている。「制御思想に代わるリフレクション思想の樹立」が今田の論の主旨となる。本書で浮かび上がってきた認識力進展の中核概念としての内省(reflection)との一致は興味深い。
12) 筆者は2005年から2009年にかけ，4社の経営理念に関する助言業務を行った。売上げの急激な減少，法改正による市場環境の急変，次なる飛躍のための新規ビジネスの立ち上げとそれぞれの企業の抱える状況や課題も違っていた。しかし変化の時期に，自律した個人がまとまり協働する組織にしたいという思いや，経営理念を時代や発展段階に合致した，メンバーの意欲をかきたてるエネルギーにあふれたものにしたいという危機感は共通していた。その中で特に主題となったのが，浸透に関することである。ここでいう浸透とは経営理念が単なる"お題目"だったり，経営幹部など一部

の人だけのものではなく、全社的に共有され日々実践され、経営に何かしら貢献することである。
13) 社会人楽団で吹奏楽を趣味とする演奏者より、2011年10月13日インタビュー。彼は中学から大学まで10年間熱心に練習に取り組んだという。
14) 西谷(1987, 280-281)は、「重荷を背負うことが遊びとなるところでのみ、真に自発的に重荷が背負われる」とし、「われわれの働きが根源的な遊戯となる処において、それは同時に根源的な真面目になる」とする。禅語における、心にとらわれがなく自由自在に楽しむ"遊戯三昧"とはこうした境地を喝破したものであろう。
15) 同じように、Jantsch(1980, 75)は「複雑さは、差異化と統合、両過程の相互浸透から創発する」と指摘する。
16) 2011年10月19日渋谷で行われた、マネジメントの活性化をテーマとした、「リフレクション・ラウンドテーブル」セミナーのパネルディスカッションにおいて、会場からの質問であった。
17) 英語での会社、company は仲間の意味の companion と同様、「com-(一緒に) + -pani(パン) = パンを分け合う間柄」を語源にする。ここからも、会社における仲間意識の大切さをうかがうことができる。
18) 指揮者のいないオーケストラで有名なオルフェウス室内管弦楽団では、特定の固定したリーダーをもたない。八つの原則を共有しているという。①実際に仕事をしている人に権限をもたせる、②自己責任を負わせる、③役割を明確にする、④リーダーシップを固定させない、⑤平等なチームワークを育てる、⑥話の聞き方を学び、話の仕方を学ぶ、⑦コンセンサスを形成する、⑧職務へのひたむきな献身となる(Seifter & Economy, 2002, 32-33)。練習、打ち合わせの収録映像を観たところ、かなり踏み込んだ、喧々諤々のやりとりが印象的だった。徹底したコミュニケーションがコンセンサスを生むといえよう。
19) 事実、リーダーには様々なタイプが存在する。積極的に自己開示をして場の過程を進めるきっかけをつくるリーダー、弱さをさらけだして安全、安心の場をつくるリーダー、思慮深さによって内省的な雰囲気をつくるリーダー、質問によって事実や感情を明らかにするリーダー、率直なフィードバックやあえて挑戦的な質問をすることで場を活性化するリーダーなどである。

第6章 協奏する組織の生起

　協奏という概念は，創造，共振，学習，三つの動的過程を織りなし，響き合う，生成活動そのものとなる。三つの過程は，組織をとらえるにあたり根源的，本質的であるとともに相互に関連し合っているところにポイントがある。三つの過程を検討した結果，協働だけではとらえきれない生命的躍動感に満ちた，これからの組織本質，言い換えると組織のある(being)姿と，なる(becoming)姿の解明について一歩前に進めることができた。

　本研究において通奏低音として，導かれ，貫かれ，展開されたのは，主体と組織の命の響き合いであり，命のあり方そのものであった。生命としての組織は動的であるとともに，矛盾の塊である。その矛盾は，二項対立的にどちらかに割り切ることはできない。また，矛盾を弁証法的に統合，止揚する営みは貴重であっても，無理が生じる可能性が高いことは否めない。矛盾は矛盾のままであるからこそ矛盾といえよう(西田，1965)。

　つまり，本研究で貫かれたのは，割り切りでもなく止揚でもない，矛盾をエネルギーに変える第三の道，過程である。過程では止揚を超える(Jantsch, 1980, 274)ことが日常的に展開される。矛盾を無理に一つにするのではなく，包摂することで自己を超えた新しい全体が形づくられていく。超越は，矛盾や困難を避けることではない，包摂の力量にこそその本質があるといえる。

Whitehead(1978, 21)は「多なるもの(the many)」を包摂することで，新しさを創出することができるという。多の一への動的過程が「合生(concrescence)」である。鈴木(1940, 26)が言う「一即多，多即一が十二分に理解されたとき創造の天才が生れる」こととなる。「合生(concrescence)」とは，単なる算術的総和ではなく，「共に生長すること」(Whitehead, 1982b, 325)である。ここには，自己否定による自己消滅と，それによってもたらされる自己超越が生成につながる過程によってのみ理解することができるリアリティがある。その過程に小休止はあるが，終止符はなく，繰り返される厳しい営みの連続がある。そして，新しいものを取り込み，"含んで超える"ことで，主体同士の相補性が生まれ出ることとなる。その時，個別の主体同士は，つながり合うことによって新しい一つの全体を創出し続けるかけがえのない存在となる。主体(subject)は常に自己超越体(superject)であると言える(Whitehead, 1978, 28)。

　以上の考察から不透明で不確実な状況下における組織の本質は，矛盾を包摂しつつ主体同士が創造，共振，学習という過程を繰り返し，認識力を進展し続けていくことが一つの拠りどころとして暗闇の中にぼんやりと浮かんできた。それは，限界ある主体が認識を広げ，さらにその主体同士がつながることで補完し合いより大きな限界に挑戦していくこととなる。そして，その補完には主体特性と組織の協奏過程の連動が求められる。

響き合う三つの動的過程

　先行きが不透明で不確実，しかも過去に経験がなかったような

質の異なる変化が次々と起こる現代,組織は,日々,新しいものごとを生みだすことが求められている。本研究で取り上げたコンサルティング事例11社,インタビュー事例6社は,理想的に三つの過程を響き合わせ,協奏しているわけではない。むしろバランスを崩しそうになりながらも,暗中模索を繰り返しているのが現実の姿である。

本研究では,協働ではとらえきれない組織の本質を解明するために,生命的躍動感に満ちた協奏という主題を掲げた。協奏を表現するにあたり,要素還元主義的,静態的,固定的な世界観では,組織と主体の実像をとらえきれないと考えた。そこで,相互関係が連鎖する,動態的,流動的な過程を方法論として論を進めた。過程では,一方のみに偏することなく矛盾を把持しながら超越し,質的に転換することに本質がある。それは仏教思想の核心,中道とも通底する。「過程こそ実存」(Whitehead, 1981, 97)とする有機体の哲学の思想が貫かれた。

それに合わせ,概念枠組みも動的,生命的な三つの間,時間,空間,人間(じんかん)を用いた。組織,認識を定義づけした後,身体性つまり,行動する重要性が,導き出された。そして,行動しながら認識を進展させる中核に,内省が浮かび上がってきた。内省では,静的な知識の習得ばかりではなく,現実と厳しく対峙する中での動的な智慧の体得が肝になる。経験を自らの糧にする,飽くなき営みの繰り返しである。認識は止まることなく変化し,自己否定と自己超越を繰り返すなかで練り上げられる。すると,静止しているときには得ることができない,"自転車を漕ぎ続ける"ことで初めて得られるような,より上位の動的な安定を獲得しつつ,進

展を続けることができる。それは不安定を包摂した安定というイメージである。

その時の主体の特性として三つある。好奇心と謙虚さ，自分軸と他人軸，独奏と合奏である。まずは好奇心と謙虚さをもって進むことが出発点となる。好奇心があるから認識力が展開されるともいえる。なぜなら，現段階で見えないものを，今後見てみたい，見ることができるようになりたいという思いがあってこそ，認識力を広げることが可能になるからである。そして，好奇心は謙虚さと一体化することで，さらなる認識力の展開が可能となる。好奇心により新たに入ってきたことを取り入れ，認識を変化させるには，謙虚さが必要だからである。

次に，自分の価値観をもち，相手の価値観へ敬意を示すことである。これを自分軸と他人軸と表現した。先行きが不透明，さらにはよって立つ根本的考え方の転換を求められている現代，主体自身が何を信じ大切にしているかという主体自身の価値観に向き合っていることが重要となる。また，自分軸が定まることで，他人軸が良く見え尊重することもできる。これは，人間的な成熟であり，認識力を深めることといえる。

最後に，独奏できる技と合奏できる技を併せもつことである。独奏の基礎は，この世界にまったく同じ可能性をもつものが二つと存在しないことにある。自己の可能性を十分に発揮し，実現することにより生命は充実していく。演じ手であり聴き手となる。それは主客一体の様相，独奏が合奏に合奏が独奏になる状態である。そのことで認識力を進めることができる。個々の演奏者は独自性を発揮しながら，自分の出す音は全体の演奏に向かって調和

される。そして，やがてはより大きな，質の異なる全体の響きを共に創りだしていくこととなる。また，組織に変化を起こすには自ら変化することも重要である。

さらに，主体同士がつながり相互作用を繰り返すことでダイナミックさは増すこととなる。相互作用の具体的方法となるコミュニケーションにおいては，認識過程を歪める，先入見への取り組みが重要である。傾聴，質問，フィードバックの組み合わせのなかにヒントを見出す。相互作用では，特に認識力を関係性のなかでダイナミックに進展させる協内省が中核である。それは，有機的分業(Durkheim, 1893)の姿とも重なる。協内省では主体の個人的な経験そのものや気づきを共有する。こうした内面性を発露し合うことで，質の高い関係性が育まれる。そしてその質の高い関係性が学習を急速に進め，促進する。

その組織における主体同士の相互作用を，更にダイナミックに進展させる過程において，三つの動的過程，つまり"創造"，"共振"，"学習"が現出した。初めの 創造過程で主体は，次々と新しいことを取り入れていく。よって事前決定的なものだけではなく，試行錯誤の繰り返しによって創出される。試行錯誤には数多くの失敗がつきものである。しかし，真の失敗は，失敗の経験を次に生かせないことである。経験を内省する営みを丁寧に続けることで未来を紡ぎ出すことが重要である。ほんとうの意味で創造的なものは，自己創作するものといえる(Deleuze & Guattari, 1997)。つまり，創造の核心は，自己を変えることで，今までは，見えなかった景色が，眼下に広がり，聞こえなかった音が鳴り響くことである。次の共振過程では，関係性をもった独自性ある主体の，

全体性への思慮の連鎖がリズムとなる,共振が生まれることが明らかにされた。自らの力で自らをつくり変えていく動的営み,つまり自己組織化が鍵となった。3番目の学習過程では,楽しさを原動力とした創造性の理論,フロー理論と道元の『正法眼蔵』「現成公案」の検討を通じて,没頭が鍵概念となることがわかった。ここではカリスマ型ではなく,全員型,草の根型のリーダーシップが想定される。全員がリーダーであるという当事者意識が,さらに組織ぐるみの参画意識に昇華することで,組織の生命的な躍動感が上昇することが確認できた。それは多様な可能性の開花であり,生命にとっての本質的楽しさ,"楽習"となる。主体の主体たる由縁が三つの過程で発揮される。

　そして,主体特性と組織の協奏過程の連関が課題になる。主体特性は,好奇心と謙虚さ,自分軸と他人軸,独奏と合奏であった。それぞれは,組織の協奏過程を支える基礎となる。つまり,主体特性が基礎となって,創造,共振,学習の3過程を織りなし,響き合う協奏する組織を創出していく。好奇心と謙虚さは創造に,自分軸と他人軸は共振に,独奏と合奏は学習へとダイナミックに展開される。まず,好奇心と謙虚さをもった主体が,"試行錯誤"を繰り返す(repetition)ことで創造へとつながる。繰り返す過程は,顧客やメンバーを思う,相手の立場を慮る利行が根本にある。次に,自分軸と他人軸をもった主体が,"自他不二"の精神で相手に敬意(respect)を示し関わることで共振へと進展する。敬意は,まずは相互理解が出発点であり,しっかりと関わることが大切になる。老婆心といえる心の姿勢である。最後に,独奏と合奏,双方の技をもった主体同士が,内省(reflection)することにより学習へ

と進展する。相互に学習を促進する切磋琢磨の姿が顕現される。頭で理解するだけでなく，トライアンドエラーの繰り返しの中，体得していく冷暖自知により技が練磨される（図6-1参照）。

こうした協奏する組織では認識力を進展させ続けるかけがえのない，主体同士の関係性によって主体がより可能性を広げることとなる。生命はその環境に限定を受けつつ，限定の許容の中での完成を目指すところに本質がある(Whitehead, 1982b, 109)。そこでは違った存在としての主体同士が調和機会を探索し，発展プロセスを創出し，社会を生成する。よって固定的な中央と周辺ではなく，時と場合，必要に応じて中央と周辺が相互に組み替えられ，自由無碍の世界が展開される。そしてミクロの連鎖でマクロが見えてくる"下位から始める"ことで全体が形づくられていく。秋元(2003)は「生命論的な社会というものはそれぞれに価値をもった

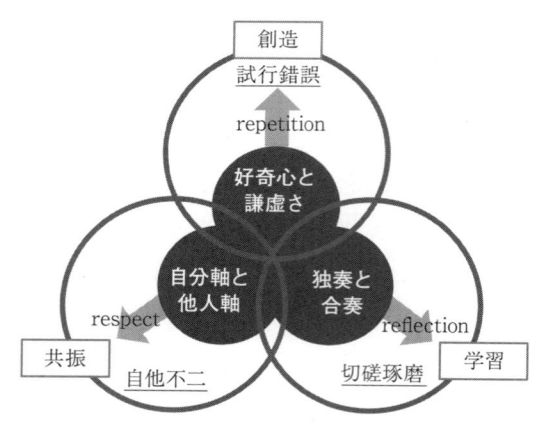

図6-1　"協奏"する組織の動的過程概念図

ものが千変万化しながらたくさん残っていて，それがそれなりに関係を保ってお互いに認め合って一つの社会ができていく」とする。さらに「自らの中の多様性を認識すると同時に，他者との関係性を大切にすること」を提言する[1]。それは言い換えれば，生命が活気づく社会である。新しいものごとを取り込み新しい自己を生成し続ける，生命的躍動感に満ちた動的過程としての協奏する組織の姿である。

創造，共振，学習は矛盾の観点からみると，創造では更新と維持，共振では局所没頭と全体思慮，学習では差異化と統合化の包摂であり，それぞれは，"つくる"，"つながる"，"まなぶ"とも表現できよう。さらに，矛盾の包摂という原理に従えば，つくるは，"こわす"でもあり，つながるは，"はなれる"でもあり，まなぶは，"わすれる"でもあるといえる。認識を広げ，深め進める主体がそ

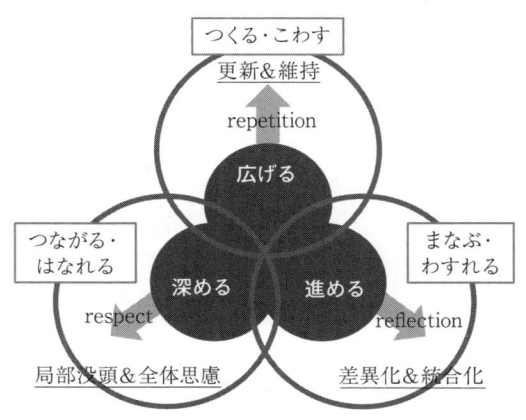

図6-2 "協奏"する組織の矛盾包摂

の矛盾の只中にいるのである(図6-2)。

　協奏する組織実現に向けて具体的には，一定期間定期的にメンバー同士が集まる内省の場をもつことが有効となる。テーマは，戦略策定，組織変革，経営理念浸透，マネジメント開発，組織課題の発見と解決など様々な分野に応用可能である。この内省の場においては，まず，メンバーが当事者意識をもって参画していることが求められる。その際，図13で示した「"協奏"する組織の動的過程概念図」が重要な指針であり，内省の枠組みとなる。テーマに従い以下の手順で進める。

① 個人において自らの経験を内省し，気づきを抽出する。
② 各個人から，経験と気づきを発表する。
③ 他のメンバーはしっかりと傾聴する。
④ 傾聴とともに，相手の気づきをさらに進めるような質問やフィードバックをする。
⑤ 全員のメンバーの発表および質問，フィードバックが一巡したところで総括する。

　良質な経験も大切であるが，経験を学習に転化する内省がより重要である。そして良質な内省のためには，良質な質問が鍵となる。テーマに従った練り込んだ質問が内省を誘う。また，内省と協内省の相互作用が重要である。この手順に従い，定期的な内省の場をもつことで，内省が習慣化し，思慮深い個人とともに共に学び合う文化が組織の中に育まれていく。

　製造業D社では，グローバル化のなか，その状況に対応，舵をとることができるマネジャーの育成が急務であった。併せて組織サーベイの診断結果によると部署内のマネジャー同士のコミュニ

ケーションに問題があることが明らかになった。グローバルマネジャーの育成と意思疎通の活発化という二つの目的のために,管理職6名で内省の場を設定した。期間は2011年4月から12月まで,1回90分,計30回行った。最終回で,自らに起きた意識と行動の変化について参加者が発表,相互にフィードバックをした。併せて部署内の今回参加してないメンバーにもこの期間での参加者と組織の状況についてヒアリングを行った。結果大きく分けると,①マネジャー個人,②マネジャー間,③対部下・上司,④組織(部署)という4分野に対しての変化が見られた。具体的には以下の通りである。

① マネジャー個人

　マネジメントをすることにストレスが低減した。
　力を抜いて粛々と実行できるようになった。
　気づきを促す,引き出す会話を心掛けるようになった。
　状況対応型で臨機応変なマネジメントができるようになった。
　固定観念のゆさぶりがあった。
　思い込みに気をつけるようになった。
　傾聴・質問・フィードバックのスキルが向上した。
　短いサイクルで内省し,日常から学ぶことが習慣化した。
　悩むより行動と思うようになった。
　自身の出立が明確化した。

② マネジャー間

　この期間での互いの変化を実感した。
　悩みの共有ができた。

受容することから相互信頼が芽生えた。
他の人の経験からの発見が沢山あった。
安心のコミュニティになった。
本音で話せる仲間ができた。
厳しいことを言い合えることは素晴らしい。
今は共通認識，状況共有ができている。
感謝の言葉をかけ合うことが増えた。
理論を共に学ぶことで共通言語ができた。それが共通認識になって話していても焦点が絞れるようになった。

③　対部下・上司
チームの垣根を越えて，みんなの部下と思えるようになった。
育成方法の工夫をあれこれ考えるようになった。
部下に対応を求める，待つ，任せるようにしている。
部下の行動を察知するようになった。
主体的行動を促すようになった。
一方的に伝えるだけでなく，相手に届くまでが仕事と心得るようになった。
相手の行動の深い理解をするようにしている。

④　組織（部署）
ひとつのチームになったように思う。そのお陰で，意思決定のスピードが早くなった。
組織の潜在能力を引き出すことになったと実感している。
多様な出来事から本質の課題を集団で考え，方針を出し，解決

策を立て，実践し，相互刺激，相互研鑽している。

この結果を「共に考え立ち向かう土壌ができた」と参加者のひとりは総括した。「今後，業務成果にさらに結びつく」というのが参加者の見解の一致するところである。現場をよく知り，組織の状態にも精通したマネジャー達が主体となって，創造，共振，学習を繰り返すことで，価値を創出し成果に結び付けているといえよう。

「われわれは真理の追究者(seekers)ではあるが，真理の所有者(possessors)ではない」とするのは科学哲学者のPopper(1974, 56)である。Popper(1974, 123-216)は「追究者」としてのわれわれにとって「反証(falsification)」の重要性を強調する。科学理論は経験的に「確証」されるのではなく，批判に対して開いている必要があることとなる。理論に対する好奇心や謙虚さ，そして潔さが必要とされよう。

さらにPopper(1974)は，科学論として三つの世界を提示する。第一世界は，事物のような物理的世界，いうなれば"客観世界"である。第二世界は，思考過程のような主観的経験の世界，いうなれば"主観世界"となる。第一，第二のみならず第三世界の存在を認めるのがポパーの主旨となる。この第三世界は，主観的な個人に還元するものでも，客観的な社会に還元するものでもない。主観と客観を二項対立ではなく，両者を包摂しながら超越させる。それぞれは，分離された独立存在ではなく，主観と客観が相互に関係，作用し合っていることが重要ポイントである。客観だけでは冷たいし，主観だけでは独りよがりになりかねない。また，

Popper(1974, 249)は,「単に物理的世界においては必ずしもすべての出来事がそのあらゆる極微にわたって絶対的正確さをもって予め決定されているわけではない」とされる。事前決定ではない,事後形成,後成的(epigenesis)思考である。

「真理の追究者」を提唱するPopperと同じように,Jantsch(1980, 274)は「『なること(becoming)』をめぐるダイナミックな倫理には所有(possession)の概念はない」とする。そして「生の過程(process)を十分に生きる」ことの重要性を説く。所有の意味のpossessは「pos-(能力がある)+ -sess(座る)」,つまり能力ある者が居座ることで権力を持つことを語源とする。一方,生命的な営みでは変化しつつ,つながり合うことが求められる。環境を一定にし静的な安定を求めることは許されない。更新し続ける過程の中で生まれる動的安定性である。正に西田(1965, 180)は矛盾する世界における生命の実相を次のように言う。

> 絶対矛盾的自己同一の世界において,われわれに対して与えられるものといえば,課題として与えられるものでなければならない。われわれはこの世界において或るものを形成すべく課せられているのである。そこにわれわれの生命があるのである。

矛盾した世界において,次々と終わることなく生起してくる課題に取り組み解き続けることに生命の生命たるゆえんがあろう。課題を解くことに命を使うこと,それが文字通り組織の"使命"となる。

関連して,Simon(1965, 47-50)は,管理における合理性追求の限界について「管理理論の未知の国(the terra incognito of administrative theory)」と表現する。さらに、忘れてはならない重要な事実として「合理性の限界は変わりうる」ことと、最も重要なこととして「制約されているとの意識が、それ自体、その制約を変える」と指摘する。経営管理が試行錯誤の中で変化していくことを示す。昨日の不可能を今日可能にすることもできるかもしれないといえよう。唯一絶対の真理の盲信、変化の拒絶による安住ではなく、新しい展開の可能性が期待できよう。経験を内省し未来に生かしながら進む生命的躍動感に満ちた、主体と組織の姿と重なる。

また、Weizsacker(1975, 3)は「生命あるものを研究するには、生命と関わりあわねばならぬ」と言う。本研究もまた、主体と組織という生命あるものと関わり合った結果の発露である。われわれは、創造を通じて学習する。また学習を通じて創造もする。創造が外に向けた表現だとすると、学習は内に向けた充実といえよう。そして共振が創造と学習の土台となる。

組織は、生命の過程そのものであり利益を生みだす機械ではない。主体が集うコミュニティとなる。そこでは、何をなすか(doing)とともに何者であるか(being)が問われる。生き方そのものや生きることに対する意味づけ、アイデンティティ、生命の楽しさや喜びが重視される。そしてその問いは、何者になるか(becoming)という問いに進展していく。

つまり、"何者になるか"とは既存の枠組みにとらわれたり、こだわったりすることなく過去を生かしながら、新しい枠組みを想像し"創造"する過程となる。未来を予測するのではなく、未来を創造する営みである。それには、より良い未来の創造に向け主体同士は"共振"し日々試行錯誤を繰り返すことが重要となる。試行

錯誤は"学習"につながり,未来を創造する力になる。共に音を奏で,響き合う追究者としての"協奏"する組織における,動的過程に終わりはない。

　本研究では,不透明で不確実な環境下における組織の本質を検討したが,筆者の力不足ゆえ,描き切れなかった部分は多い。特に今後の課題として二つある。
　ここまで,生命的躍動感に満ちた,次なる組織について探究を行った。よって兆候や萌芽などが重要であり,そこから未来に向けた提案を行った側面が多い。この意味で,今後もさらに様々な試行錯誤や思い切った挑戦とその概念化の繰り返しが必要となる。
　また,協奏概念を社会に広げ,応用することは可能であると推測できるが,本研究においては言及していない。組織をどこまで広くとらえるか,範囲の問題を検討する必要があろう。経営学を含め全ての研究は,何かしら社会に貢献することが通底する使命であろうと考えるものである。

［注］
1) 秋元勇巳・田坂広志『プレジデント』2003年2月3日号,プレジデント社,34-39ページ。

フィールドサーベイ&アドバイス企業

[コンサルティング企業]
企業数：11社
企業業種内訳：製造業5社，情報通信業3社，卸売業・小売業1社，運輸業・郵便業1社，宿泊業・飲食サービス業1社，公務1社
コンサルティング期間：2005～2011年
主なコンサルティング内容：経営戦略策定，経営理念浸透，組織風土改革，次期経営者育成，中間管理職育成，管理職候補育成

※業種に関する分類項目に関しては，総務省による日本標準産業分類(平成19年11月改訂)に従った。なお，データーは2011年11月現在のものである。

各企業概要

製造業A社
　設　立：1930年代
　資本金：約17,000百万円
　従業員：約20,000名(単独)
　売上げ：約2,000,000百万円(単独)
　コンサルティング内容：中間管理職育成，組織風土改革

製造業B社
　設　立：2000年代

資本金：約20,000百万円
従業員：約8,000名（単独）
売上げ：約2,000,000百万円（単独）
コンサルティング内容：中間管理職育成，組織風土改革

製造業C社
　設　立：1930年代
　資本金：約600,000百万円
　従業員：約150,000名（連結）
　売上げ：約9,000,000百万円（連結）
　コンサルティング内容：中間管理職育成，組織風土改革

製造業D社
　設　立：1980年代
　資本金：約10,000百万円
　従業員：約9,000名（単独）
　売上げ：約2,000,000百万円（単独）
　コンサルティング内容：中間管理職育成，組織風土改革

製造業E社
　設　立：1920年代
　資本金：約7,000百万円
　従業員：約1,200名
　売上げ：約85,000百万円
　コンサルティング内容：次期経営者育成，組織風土改革

情報通信業F社
　　設　立：1970年代
　　資本金：約450百万円
　　従業員：約1,200名
　　売上げ：約25,000百万円
　　コンサルティング内容：次期経営者育成，組織風土改革

情報通信業G社
　　設　立：1980年代
　　資本金：約12,500百万円
　　従業員：約2,000名
　　売上げ：約130,000百万円
　　コンサルティング内容：中間管理職育成

情報通信業H社
　　設　立：2000年代
　　資本金：約500百万円
　　従業員：約75名
　　売上げ：約2,000百万円
　　コンサルティング内容：経営戦略策定，経営理念浸透

卸売業・小売業I社
　　設　立：1970年代
　　資本金：約7,500百万円
　　従業員：約15,000名

売上げ：約25,000百万円
コンサルティング内容：経営戦略策定，経営理念浸透，次期管理職育成

運輸業・郵便業J社
　設　立：1950年代
　資本金：約100百万円
　従業員：約400名
　売上げ：約2,500百万円
　コンサルティング内容：経営理念浸透，組織風土改革

宿泊業・飲食サービス業K社
　設　立：1990年代
　資本金：約30百万円
　従業員：約80名
　売上げ：約1,000百万円
　コンサルティング内容：経営戦略策定，経営理念浸透，次期経営者育成

※なお，社団法人名取市社会福祉協議会の運営するボランティアセンターに関しては文中に詳細を記した。

[インタビュー企業一覧]
企業数：6社
企業業種内訳：製造業3社，宿泊業・飲食サービス業1社。学術研究・専門技術サービス業2社。

各企業概要

商号：株式会社白鳳堂
　業　　種：製造業
　設　　立：1974年8月
　資本金：50百万
　従業員：95名
　本　　社：広島県安芸郡
　事業内容：筆の製造，販売

商号：株式会社セラリカ野田
　業　　種：製造業
　設　　立：1956年
　資本金：40百万
　従業員：95名
　本　　社：神奈川県愛甲郡
　事業内容：生命ロウ(セラリカ)の原料開発，製造および販売など

商号：スターバックスコーヒージャパン株式会社
　業　　種：宿泊業・飲食サービス業
　設　　立：1995年
　資本金：8,442百万円
　従業員：1,868名
　売上げ：101,576百万円(単独)
　本　　社：東京都

事業内容：コーヒー製造・販売

製造業L社
　設　立：1940年代
　資本金：約180,000百万円
　従業員：約20,000名
　売上げ：約1,480,000百万円

学術研究・専門技術サービス業M社（人事系コンサル会社）
　設　立：2000年代
　資本金：約20百万円
　従業員：約10名
　売上げ：約180百万円

学術研究・専門技術サービス業N社（デザイン事務所）
　設　立：2000年代
　資本金：約10百万円
　従業員：約30名
　売上げ：約1,000百万円

[参 考 文 献]

欧文献

Ackoff, R. L. (1986) *Management in Small Doses*, John Wiley & Sons. (村越稔弘・妹尾堅一郎訳 (1988)『創造する経営』有斐閣。)

Ackroyd, S. (2010) "Critical Realism, Organization Theory, Methodology, and the Emerging Science of Reconfiguration", *Elements of a Philosophy of Management and Organization*, Springer-Verlag Berlin Heidelberg.

Alexander, J. C. et al. (1987) *The Micro-Macro Link*, University of California Press. (石井幸夫他訳 (1998)『ミクロ—マクロ・リンクの社会理論』新泉社。)

Allen, L. A. (1958) *Management & Organization*, McGraw-Hill. (高宮晋訳 (1960)『管理と組織』ダイヤモンド社。)

Ansoff, H. I. (1965) *Corporate Strategy*, McGraw-Hill.

Anthony, R. N. (1965) *Planning and Control Systems*, Harvard University Press.

Arbib, M. A. (1971) *The Metaphorical Brain: An Introduction to Cybernetics as Artificial Intelligence and Brain Theory*, John Wiley & Sons.

Archer, M. S. (1995) *Realist Social Theory: The Morphogenetic Approach*, Cambridge University Press.

Argyris, C. (1957) *Personality and Organization*, Harper & Row.

Argyris, C. (1964) *Integrating The Individual and The Organization*, John Wiley & Son, Inc. (三隅二不二・黒川正流訳 (1969)『新しい管理社会の探究』産業能率短期大学出版部。)

Argyris, C. & Schön, D. A. (1974) *Theory in Practice: Increasing Professional Effectiveness*, Jossey-Bass.

Argyris, C. & Schön, D. A. (1978) *Organizational Learning: A Theory of Action Perspective*, Addison-Wesley Publishers Co.

Ashby, W. R. (1940) *Design for a Brain*, Chapman & Hall. (山田坂仁訳 (1967)『頭脳への設計』宇野書店。)

Ashby, W. R. (1956) *An Introduction to Cybernetics*, Chapman & Hall. (篠崎武他訳 (1967)『サイバネティクス入門』宇野書店。)

アリストテレス,山本光雄訳 (1968)『アリストテレス全集 第六巻』岩波書店。

Bailey, D. (1993) *Improvisation*, DaCapo Press.（竹田賢一他訳（1981）『インプロヴィゼーション』工作舎。）

Barney, J. B. (1991) "Firm Resources and Sustained Competitive Advantage", *Journal of Management, Vol.17*, pp. 90-120.

Bass, B. M. (1990) *Bass & Stogdill's Handbook of Leadership*, Free Press.

Barnard, C. I. (1938) *The Functions of the Executive*, Harvard University Press.（山本安次郎・田杉競・飯野春樹訳（1968）『新版 経営者の役割』ダイヤモンド社。）

Batoeson, G. (1979) *Mind and Nature: A Necessary Unity*, John Brockman.

Beer, S. (1981) *Brain of the Firm*, John Wiley & Sons.

Bergson, H. (1907) *L'Évolition Crèatrice*.（真方敬道訳（1979）『創造的進化』岩波書店。）

Berkeley, G. (1962) *Principles of Human Knowledge*, Fontana.（大槻春彦訳（1958）『人知原理論』岩波書店。）

Bertalanffy, L. V. (1949) *Das Biologische Weltbild*, A. Francke AG. Verlag.（長野敬・飯島衛訳（1954）『生命 有機体の考察』みすず書房。）

Bertalanffy, L. V. (1968) *General System Theory*, George Braziller.（長野敬・太田邦昌訳（1973）『一般システム理論』みすず書房。）

Blacking, J. (1973) *How Musical in Man?*, The University of Washington Press.（徳丸吉彦訳（1978）『人間の音楽性』岩波書店。）

Bohm, D. (1976) *Fragmentation and Wholeness*, The Van Leer Jerusalem Foundation.

Boud, D., Keogh, R. & D. Walker, et al. (1985) *Reflection: Turning Experience into Learning*, Kogan Page.

Bouedieu, P. (1980) *Le Sens Pratique*, Minuit.（今村仁司他訳（1988）『実践感覚1』みすず書房。）

Boulding, K. E. (1956) "General System Theory: The Skeleton of Science", *General Systems*, Vol.1.

Brown, J. & D. Isaacs (2005) *The World Café: Shaping Our Futures through Conversations that Matter*, Berrett-Koehler Publishers, Inc.

Briskin, A., Erickson, S., Ott, J. & T. Callanan (2009) *The Power of Collective Wisdom and The Trap of Collective Folly*, Jiuukko Hoods.

Bruch, H. & S. Ghoshal (2004) *A Bias for Action*, Harvard Business School Press.（野田智義訳（2005）『意志力革命』講談社。）

Buckley, W. (1967) *Sociology and Modern Systems Theory*, Prentice-Hall.
Buber, M. (1923) *Ich Und Du Zwiesprache*.（植田重雄訳（1979）『我と汝・対話』岩波書店。）
Burr, V. (1995) *An Introduction to Social Constructionism*, Routledge.（田中一彦訳（1997）『社会的構築主義への招待』川島書店。）
Н. Волошинов, (1929) Марксизм и философия языка – Основые проблемы социологического метода в науке о языке.（桑野隆訳（1989）『マルクス主義と言語哲学 改訳版』, 未来社。）
Cannon, W. E. (1932) *The Wisdom of the Body*, W. W. Norton.
Capra, F. (1975) *The Tao of Physics*, Shambhala.（吉福伸逸他訳（1979）『タオ自然学』工作舎。）
Capra, F. (1982) *The Turning Point*, John Brockman.（吉野伸逸他訳（1984）『ターニング・ポイント』工作舎。）
Checkland, P. B. (1980) *Systems Thinking, Systems Practice*, John Wiley & Sons.
Collins, C. J. & J. I. Porras (1996) "Building Your Company's Vision", *Harvard Business Review*, September-October, pp. 65–77.
Cook, S. D. N. & J. S. Brown (1999) "Bridging Epistemologies: The Generative Dance Between Organizational Knowledge and Organizational Knowing", *Organization Science 10*, pp. 381–400.
Coveney, P. & R. Highfield (1990) *The Arrow of Time*, W. H. Allen.（野本陽代訳（1995）『時間の矢, 生命の矢』草思社。）
Cranton, P. A. (1992) *Working with Adult Learners*, Wall & Emerson.（入江直子他訳（2006）『おとなの学びを拓く』鳳書房。）
Csikszentmihalyi, M. (1975) *Beyond Boredom and Anxiety*, Jossey-Bass.
Csikszentmihalyi, M. (1990) *Flow: The Psychology of Optimal Experience*, Harper and Row.（今村浩明訳（1996）『フロー体験 喜びの現象学』世界思想社。）
Csikszentmihalyi, M. (1996) *Creativity-Flow and The Psychology of Discovery and Invention*, Harper Perennial.
Csikszentmihalyi, M. (2003) *Good Business: Leadership, Flow, and the Making of Meaning*, Penguin Books.
Daft, R. L. (2001) *Essential of Organization Theory & Design*, 2nd ed., South-Western College Publishing.（高木晴夫訳（2002）『組織の経営学』

ダイヤモンド社。)

Dawson, P. (2003) *Reshaping Change: A Processual Perspective*, Routledge.

De Pree, M. (2004) *Leadership is an Art*, Sandra Dijkstra Literary Agency. (依田卓巳訳 (2009)『響き合うリーダーシップ』海と月社。)

Deal, T. E. & A. A. Kennedy (1982) *Symbolic Managers*, Addison-Wesley. (城山三郎訳 (1985)『シンボリック・マネジャー』新潮社。)

Deci, E. L. (1980) *The Psychology of Self-Determination*, D. C. Health & Company. (石田梅男訳 (1985)『自己決定の心理学』誠信書房。)

Dewey, J. (1933) *How We Think: A Restatement of the Relation of Reflective Thinking on the Educative Practice*, Heath.

Deleuze, G. & Guattari, F. (1987) *A Thousand Plateaus: Capitalismand Schizophrenia*, University of Minnesota Press. (宇野邦一他訳 (1994)『千のプラトー 資本主義と分裂症』河出書房新社。)

Deleuze, G. & F. Guattari (1994) *What is Philosophy?*, Columbia University Press. (財津理訳 (1997)『哲学とは何か』河出書房新社。)

Dewey, J. (1916) *Democracy and Education*, The Pennsylvania State University. (松野安男訳 (1975)『民主主義と教育 (下)』岩波書店。)

Dewey, J. (1938) *Experience and Education*, Collier Books.

Drengson, A. & I. Yuichi, (1995) *The Deep Ecology Movement: An Introductory Anthology*, North Atlantic Books.

Drucker, P. F. (1965) *The Effective Executive*, Harper & Row.

Durkheim, E. (1893) *De la Division du Travail Social*, P. U. F. (田原音和訳 (2005)『復刻版 社会分業論』青木書店。)

Fayol, H. (1949) *General and Industrial Management*, Pitman & Sons. (都筑栄訳 (1964)『産業並びに一般の管理』風間書房。)

Florida, R. (2005) *The Flight of the Creative Class*, HarperCollins Publishers Inc. (井口典夫訳 (2007)『クリエイティブ・クラスの世紀 新時代の国,都市,人材の条件』ダイヤモンド社。)

Follett, M. F. (1949) *Freedom & Co-Ordination*, Management Publication Trust Ltd. (斎藤守生訳 (1963)『経営管理の基礎』ダイヤモンド社。)

フォレット, M. P. (米田清貴・三戸公訳 (1972)『組織行動の原理』未来社。)

Fox, E. M. & L. Urwick, ed. (1977) *Dynamic Administration-The Collected Papers of Mary Paker Follett*, Hippocrene Books.

Freire, P. (1970) *Pedagogia do Oprimido*. (小沢有作他訳 (1979)『被抑圧者

の教育学』亜紀書房。)
Fromm, E.(1976)*To Have or To Be?*, Ruth Nanda Anshen.(佐野哲郎訳(1977)『生きるということ』紀伊國屋書店。)
Gansky, L.(2010)*The Mesh*, Penguin Group Inc.
Gadamer, H. G.(1989)*Truth & Method 2nd revised*, Sheed & Ward Ltd..(轡田收訳(1986)『真理と方法Ⅰ』法政大学出版局。)
Galbraith, J. K.(1992)*The Culture of Contentment*, Houghton Mifflin Company.(中村達也訳(1993)『満足の文化』新潮社。)
Gehlen, A.(1961)*Anthropologische Forschung*, Rowohlt Taschenbch Verlag GmbH.(亀井裕・滝浦静雄他訳(1999)『人間学の探究』紀伊國屋書店。)
Gergen, K.(1999)*An Invitation to Social Construction*, Sage Publications.(東村知子訳(2004)『あなたへの社会構成主義』ナカニシヤ出版。)
Gerzema, J., D'Antonio, M. & P. Kotler(2010)*Spend Shift*, Young & Rubicam Brands.(有賀裕子訳(2011)『スペンド・シフト』プレジデント社。)
Goldstein, N. J., Martin, S. J. & R. B. Cialdni(2007)*Yes!*, Andrew Nurnberg Associates Ltd.(安藤清志監訳(2009)『影響力の武器 実践編』誠信書房。)
Haken, H.(1976)*Synergetics: An Introduction, Nonequilibrium Phase Transitions and Self-Organization in Physics, Chemistry and Biology*, Springer-Verlag.
Hanh, T. N.(1973)*Zen Keys: A Guide to Zen Practice*, Editions Seghed.(藤田一照訳(2001)『禅の鍵』春秋社。)
Hedberg, Bo L. T.(1981)"How Organizations Learn and Unlearn", P. C. Nystrom & W. H. Starbuck et al., *Handbook of Organizational Design*, Vol.1, Oxford University Press, pp. 3-27.
Heidegger, M.(1927)*Sein und Zeit*.(細谷忠夫訳(1994)『存在と時間』筑摩書房。)
Herrigel, O.(1953)*Zen in the Art of Archery*, Vintage.(稲富栄次郎・上田武訳(1981)『弓と禅』福村出版。)
Jantsch, E.(1980)*The Self-Organizing Universe: Scientific and Human Implications of The Emerging Paradigm of Evolution*, Robert Maxwell, M. C.(芹沢高志・内田美恵訳(1986)『自己組織化する宇宙 自然・生命・社会の創発的パラダイム』工作舎。)

Johnstone, K. (1999) *Impro for Storytellers*, Routledge.
Kauffman, S. A. (1995) *At Home in the Universe: The Search for Laws of Self-Organization and Complexity*, Oxford University Press. (米沢富美子監訳 (1999)『自己組織化と進化の論理』日本経済新聞社。)
Keen, P. G. W. (1997) *The Process Edge: Creating Value where It Counts*, Harvard Business School Press.
Kuhn, T. S. (1970) *The Scientific Revolution*, University of Chicago Press. (中山茂訳 (1971)『科学革命の構造』みすず書房。)
Kolb, D.A. (1984) *Experiential Learning: Experience as the Source of Learning and development*, Prentice-Hall.
Koestler, A. (1978) *Janus*, Hutchinson & Co. (田中三彦・吉岡佳子訳 (1983)『ホロン革命』工作舎。)
Krogh, V. G. & J. Roos (1995) *Organizational Epistemology*, Palgrave Macmillan. (高橋量一・松本久良訳 (2010)『オーガニゼーショナル・エピステモロジー』文眞堂。)
Latouche, S. (2004) *Survivre au Developpement*, Mille et Une Nuits. (中野佳裕訳 (2010)『経済成長なき社会発展は可能か？』作品社。)
Lawrence, T. B., Suddaby, R. & B. Leca (2009) *Institutional Work: Actors and Agency In Institutional Studies of Organizations*, Cambridge University Press.
Lèvi-Strauss, C. (1962) *La Pensèe Sauvage*, Librairie Plon. (大橋保夫訳 (1976)『野生の思考』みすず書房。)
Lissack M. & J. Roos (1999) *The Next Common Sense*, Nicholas Brealey Publishing Ltd. (酒井泰介訳 (2002)『ネクスト・マネジメント』ダイヤモンド社。)
Lotia, N. & C. Hardy (2008) "Critical Perspectives on Collaboration" in Cropper, S., Ebers. M., Huxham, C. & P. S. Ring (et al.) *Inter-Organizational Relations*, Oxford University Press, pp. 366-398.
Lorenz, K. (1981) *Leben ist Lernen*, R. Piper & Co. Verlag. (三島憲一訳 (1982)『生命は学習なり』思索社。)
Lublin, N. (2010) *Zilcu: The Power of ZERO in Business*, Penguin Group (USA) Inc. (関美和訳 (2011)『ゼロのちから』英治出版。)
Luhmann, N. (1973) *Vertrauen*, Ferdinand. (大庭健・正村俊之訳 (1990)『信頼 社会的な複雑性の縮減メカニズム』勁草書房。)

Luhmann, N. (1986) *Ökologische Kommunikation*, Westdeutscher Verlag. (土方昭訳 (1992)『改訳版 エコロジーの社会理論』新泉社。)

Luhmann, N. (1995) *Social Systems*, Stanford University Press. (佐藤勉監訳 (1993)『社会システム理論』恒星社。)

Mai, R. (1975) *The Courageto Create*, W. W. Norton & Company Inc. (小野泰博訳 (1981)『創造への勇気』誠信書房。)

March, J. G. & H. A. Simon (1958) *Organizations*, John Wiley & Sons. (土屋守章訳 (1977)『オーガニゼーションズ』ダイヤモンド社。)

March, J. G. & J. P. Olsen (1976) *Ambiguity and Choice in Organizations*, Universitetsforl-aget. (遠田雄志・アリソン・ユング訳 (1986)『組織におけるあいまいさと決定』有斐閣。)

Marquardt, M. J. (2004) *Optimizing the Power of Action Learning*, Davies-Black Publishing.

Maslow, A. H. (1964) *Religions, Values & Peak-Experiences*, Kappa Delta Pi. (佐藤三郎・佐藤全弘訳 (1972)『創造的人間』誠信書房。)

Maturana, H. & F. Varela (1984) *Der Baum Der Erkenntins*, Editorial Universitaria. (管啓次郎訳 (1997)『知恵の樹』筑摩書房。)

Maturana, H. R. & F. J. Varela (1980) *Autopoiesis and Cognition: The Realization of the Living*, Reidel Publishing. (河本英夫訳 (1991)『オートポイエーシス 生命システムとは何か』国文社。)

Mead, G. H. (1934) *Mind, Self, and Society*, The University of Chicago Press. (河村望訳 (1995)『精神・自我・社会』人間の科学社。)

Merleau-Ponty, M. (1964) *Le Visible L'INVISIBLE*, Editions Gallimard. (滝浦静雄・木田元訳 (1989)『見えるものと見えないもの』みすず書房。)

Merriam, S. & R. S. Caffarella (1999) *Learning in Adulthood: A Comprehensive Guide 2nd. ed.*, Jossey-Bass, Inc. (立田慶裕・三輪健二訳 (2005)『成人期の学習―理論と実践』鳳書房。)

Mezirow, J. & Associates (1990) *Fostering Critical Reflection in Adulthood*, Jossey-Bass.

Mintzberg, H. (1987a) "Crafting Strategy", *Harvard Business Review, July-August*, pp.66-75.

Mintzberg, H. (1987b) "Patterns in Strategy Formation", *Management Science*, Vol.24.

Mintzberg, H. (1994) "The Fall and Rise of Strategic Planning", *Harvard*

Business Review, January-February.

Mintzberg, H., Ahlstrand, B. & J. Lampel (1998) *Strategy Safari: Guided Tour through the Wilds of Strategic Management*, Free Press.

Mintzberg, H. (2004) *Managers not MBAs: A Hard Look at the Soft Practice of Managing and Management Development*, Berrett-Koehler Publishers, Inc.(池村千秋訳(2006)『MBA が会社を滅ぼす マネジャーの正しい育て方』日経 BP 社。)

Mintzberg, H. (2009a) *Managing*, Berrett-Koehler Publishers, Inc.

Mintzberg, H. (2009b) "Rebuilding Comanies or Communities", *Harvard Business Review*, July-August.

Morin, E. (1977) *La Nature de la nature*, Seuil.(大津真作訳(1991)『方法 2 生命の生命』法政大学出版局。)

Naess, A. (1995) "Self-Realization: An Ecological Approach to Being in the World", Dregson, A. & I. Yuichi, *The Deep Ecology Movement: An Introductory Anthology*, North Atlantic Books.

Nicolis, G. & I. Prigogine (1977) *Self-Organization in Nonequilibrium Systems: From Dissipative Structures to Order through Fluctuations*, John Wiley & Sons.

Nicolis, G. & I. Prigogine (1989) *Exploring Complexity*, R. Piper.

Nooteboom, B. (2009) *A Cognitive Theory of the Firm: Learning, Governance, and Dynamic Capabilities*, Edward Elgar.

Polanyi, M. (1966) *The Tacit Dimension*, Routledge & Kegan Paul Ltd.(佐藤敬三訳(1984)『暗黙知の次元』紀伊國屋書店。)

Porter, M. E. (1980) *Competitive Strategy*, Free Press.

Prigogine, I. (1984) *From Being to Becoming: Time and Complexity in the Physical Science*, W. H. Freeman.(小出昭一郎・我孫子誠也訳(1984)『存在から発展へ』みすず書房。)

Popper, K. (1972) *Objective Knowledge: An Evolutionary Approach*, Oxford University Press.(森博訳(1974)『客観的知識―進化論的アプローチ』木鐸社。)

Ritzer, G. (1997) *The McDonaldization Thesis: Explorations and Extensions*, Sage Publications Ltd.(正岡寛司訳(1999)『マクドナルド化する社会』早稲田大学出版部。)

Roos, J. & V. G. Krogh (1995) *Organizational Epistemology*, Palgrave Macmillan.（高橋量一・松本久良訳（2010）『オーガニゼーショナル・エピステモロジー』文眞堂。）

Rorty, R. (1979) *Philosophy and Mirror of Nature*, Princeton University Press.（野家啓一監訳（1993）『哲学と自然の鏡』産業図書。）

Saussure, F. (1949) *Cours de Linguistique Generale*, Charles Balley et Albert Sechehaye.（小林英夫訳（1940）『一般言語学講義』岩波書店。）

Schein, E. H. (1980) *Organizational Psychology*, 3rd ed., Englewood Cliffs, Prentice-Hall.（松井賚夫訳（1981）『組織心理学』岩波書店。）

Schein, E. H. (1987) *The Clinical Perspective in Fieldwork*, Jossey-Bass.

Schein, E. H. (1999) *Process Consultation Revisited: Building the Helping Relationship*, Addison-Wesley.（稲葉元吉・尾川丈一訳（2002）『プロセス・コンサルテーション』白桃書房。）

Schumpeter, J. A. (1912) *Theorie der Wirtschaftlichen Entwicklung*.（塩野谷祐一・中山伊知郎・東畑精一訳（1977）『経済発展の理論 企業者利潤・資本・信用・利子および景気の回転に関する一研究』岩波書店。）

Schön, D. A. (1983) *The Reflective Practitioner: How Professionals Think in Action*, BasicBooks.（柳沢昌一・三輪健二訳（2007）『省察的実践とは何か―プロフェッショナルの行為と思考』鳳書房。）

Schrmer, O. C. (2007) *Theory U*, Scott Meredith Literary Agency, Inc.

Scott, C. et al. (2001) *Self-Organization in Biological Systems*, Princeton University Press.（松本忠夫・三中信宏訳（2009）『生物にとって自己組織化とは何か』海游舎。）

Seifter, H. & P. Economy (2001) *Leadership Ensemble*, Henry Holt & Co.（鈴木主税訳（2002）『オルフェウス・プロセス』角川書店。）

Selznick, P. (1949) *TVA and the Grass Roots: A Study of Politics and Organization*, University of California.

Senge, P. (2006) *The Fifth Discipline: The Art & Practice of the Learning Organization*, Random House, Inc.

Senge, P. et al. (2008) *The Necessary Revolution*, Broadway Books.

Shannon, C. & W. Weaver (1964) *The Mathematical Theory of Communication*, The University of Illinois Press.

Simon, H. A. (1945) *Administrative Behavior*, Macmillan.（松田武彦訳（1965）『経営行動』ダイヤモンド社。）

Smith, A. W. (1982) "A Five Stage Model of Management Evolution", *Gen-

eral Systems, Vol. x x vii.
Snyder, G. (1995) "Re-Inhabitation", Drengson, A. & I. Yuichi (1995) *The Deep Ecology Movement: An Introductory Anthology*, North Atlantic Books.
Stacey, R. D. (2010) *Complexity and Organizational Reality: Uncertainty and the Need to Rethink Management after the Collapse of Investment Capitalism*, 2nd ed., Routledge.
Sternberg, R. J. (1998) *Handbook of Creativity*, Cambridge University Press.
Taylor, F. W. (1911) *Scientific Management*, Harper & Brothers. (上野陽一訳編 (1970)『科学的管理法』産業能率短期大学出版部。)
Todorov, T. (1981) *Mikhail Bakhtine le Prin Cipe Dialogique*, Seuil. (大谷尚文訳 (2001)『ミハイル・バフチン 対話の原理』法政大学出版局。)
Tripp, S. D. (1996) "Theories, Traditions, and Situated Learning: Situated Learning Perspectives", *Educational Technology*, 2nd ed.
Waddington, C. H. (1960) *The Ethical Animal*, George Allen & Unwin Ltd. (内田美恵他訳 (1980)『エチカル・アニマル』工作舎。)
Waddington, C. H. (1961) *The Nature of Life*, George Allen & Urwin Ltd. (白上謙一・碓井益雄訳 (1964)『生命の本質』岩波書店。)
Wagner, A. (2009) *Paradoxical Life*, Yale University Press. (松浦俊輔訳 (2010)『パラドクスだらけの生命』青土社。)
Weisbord, M. & S. Janoff (2000) *Future Search: An Action Guide to Finding Common Ground in Organizations & Communities*, Berrett-Koehler Publishers, Inc. (香取一昭訳 (2009)『フューチャーサーチ 利害を越えた対話から，みんなが望む未来を創り出すファシリテーション手法』ヒューマンバリュー社。)
Wernerfelt, B. (1984) "A Resource-Based View of the Firm", *Strategic Management Journal*, Vol. 5, pp. 171-180.
Westley, F., Zimmerman, B. & M. Q. Patton (2006) *Getting to Maybe: How the World is Changed*, Vintage Canada.
Weick, K. E. (1979) *The Social Psychology of Organizing 2nd Addison*, Addison-Wesley Publishing Company. (遠田雄志訳 (1997)『組織化の社会心理学』文眞堂。)
Weick, K. E. (1995) *Sencemaking in Organizations*, Sage Publications. (遠田雄志・西本直人訳 (2001)『センスメーキング イン オーガニゼーショ

ンズ』文眞堂。)
Weick, K. E. (1998) "Improvisation as a Mindset for Organizational Analysis", *Organization Science 9*.
Weizsacker, V. V. (1940) *Der Gestalkreis*, Georg Thieme Verlag. (木村敏・濱中淑彦訳 (1975)『ゲシュタルトクライス』みすず書房。)
Wertsch, J. V. (1991) *Voices of the Mind*, Harvard University Press. (田島信元他訳 (2004)『心の声』福村出版。)
ホワイトヘッド, A. N. (1981a)『自然という概念』藤川吉美訳, 松籟社。
Whitehead, A. N. (1920) *The Concept of Natune*, Cambridge University Press.
Whitehead, A. N. (1925) *Science and the Modern World*. (上田泰治・村上至孝訳 (1981b)『科学と近代世界』松籟社。)
Whitehead, A. N. (1939) *Modes of Thought*. (藤川吉美・伊藤重行訳 (1980)『思考の諸様態』松籟社。)
Whitehead, A. N. (1978) *Process and Reality*, The Free Press. (平林康之訳 (1981(I), 1983(II))『過程と実在』I・II みすず書房。)
Whitley, R. (1989) "On the Nature of Managerial Tasks: Their Distinguishing Characteristics and Organization", *Journal of Management Studies*, Vol.26, No.3, 209-225.
Wilber, K. (2000) *A Theory of Everything: An Integral Vision for Business, Politics, Science, and Spirituality*, Shambhala Publications, Inc.

和文献

会田雄次 (1967)『合理主義』講談社。
秋月龍珉 (1976)『禅の探究 生と死と宇宙の根本を考える』産報。
青島矢一・加藤俊彦 (2003)『競争戦略論』東洋経済新報社。
荒木博之 (1985)『やまとことばの人類学』朝日新聞社。
市古貞次校注 (1989)『新訂 方丈記』岩波書店。
今井賢一・金子郁容 (1988)『ネットワーク組織論』岩波書店。
今田高俊 (2005)『自己組織性と社会』東京大学出版会。
今田高俊・黒岩晋・鈴木正仁 (2001)『複雑系を考える』ミネルヴァ書房。
今西錦司 (2002)『生物の世界ほか』中央公論新社。
今村浩明・浅川希洋志編 (2003)『フロー理論の展開』世界思想社。
井筒俊彦 (1991)『意識と本質―精神的東洋を索めて』岩波書店。

伊豫谷登士翁（2011）『グローバリゼーションとは何か』平凡社。
狩俣正雄（1992）『組織のコミュニケーション論』中央経済社。
梅原猛（1980）『空海の思想について』講談社。
内村鑑三（1995）鈴木範久訳『代表的日本人』岩波書店。
内田樹（2007）『私の身体は頭がいい』文春社。
海老澤栄一（1992）『組織進化論』白桃書房。
海老澤栄一（1998）『生命力ある組織』中央経済社。
海老澤栄一（1999）『地球村時代の経営管理　分けることから補い合うことへの道筋』文眞堂。
海老澤栄一・寺本明輝・行時博孝（1999）『智恵が出る組織』同友館。
海老澤栄一（2008）「教育と学習との共存の意義　その固有の役割と相互協働の仕組み」『経営教育研究』Vol.11, No.2, 学文社。
太田肇（2008）『日本的人事管理論』中央経済社。
大山泰弘（2011）『利他のすすめ』WAVE出版。
岡田正大（2009）「戦略策定のリアリティと戦略論研究への課題」『組織科学』Vol.42, No.3.
奥村昭博（1989）『経営戦略』日本経済新聞社。
加護野忠男（1988）『組織認識論』千倉書房。
亀井勝一郎（1983）『人間を見る眼　自分を知る眼』大和出版。
亀地宏（2006）『株式会社"岩手県葛巻町"の挑戦』秀作社出版。
金井壽宏・佐藤郁哉・クンダ, G.・マーネン, J. V.（2010）『組織エスノグラフィー』有斐閣。
金井壽宏・高橋潔（2004）『組織行動の考え方』東洋経済新報社。
河合隼雄（1967）『ユング心理学入門』培風社。
吉川英史（1984）『日本音楽の美的研究』音楽之友社。
木村敏（2005）『あいだ』筑摩書房。
桑野隆（2002）『バフチン　新版』岩波書店。
小坂国継（2002）『西田幾多郎の思想』講談社。
小森谷浩志（2007）「人材育成における『フロー理論』の応用」経営情報学会2007年春季全国研究発表大会予稿集, 250-253ページ。
小森谷浩志（2007）「アクションラーニングに見る『質問によるマネジメント』の実践」経営情報学会2007年秋季全国研究発表大会予稿集, 118-121ページ。
小森谷浩志（2007）「『質問によるマネジメント』に対する一考察―経営組織

における『禅問答の方法論の応用』」日本情報経営学会全国大会第55回予稿集，73-76ページ。
小森谷浩志（2008）『「フロー理論型」マネジメント戦略』芙蓉書房。
小森谷浩志（2008）「『没入』を鍵概念とした組織開発」日本情報経営学会全国大会第56回予稿集，97-100ページ。
小森谷浩志（2009）「経営理念に対する一考察―事例から検討する再構築における浸透の要点」日本情報経営学会全国大会第58回予稿集，231-234ページ。
小森谷浩志（2010）「楽しさに基づいた経営管理モデルの一考察　経営理念の観点から」『神奈川大学大学院経営学研究科研究年報第14号』，3-19ページ。
小森谷浩志（2010）「経営理念の策定から浸透プロセスに対する一考察―『再意味化』を鍵として」日本経営診断学会第43回全国大会予稿集，207-210ページ。
小森谷浩志（2011）「不透明な時代のリーダーシップ開発"楽習"する人と組織をめざして」『経営教育研究』Vol.14, No.1, 学文社，73-82ページ。
小森谷浩志（2011）「マネジメント開発の新基軸―主体の思考様式に焦点をあてて」日本経営教育学会第63回全国大会報告予稿集，53-56ページ。
鯨岡峻（2005）『エピソード記述入門』東京大学出版会。
世阿弥（1953）川瀬一馬訳『花鏡』わんや書店。
佐々木敦（2011）『即興の解体／懐胎』青土社。
佐々木憲徳（1978）『山家学生式新釈』ピタカ。
清水博（1996）『生命知としての場の論理』中公新書。
清水博編著（2000）『場と共創』NTT出版。
志村五郎（2008）『記憶の切繪図』筑摩書房。
下村寅太郎（1951）『西田哲学への道』社会思想研究会出版部。
白井裕子（2009）『森林の破壊』新潮社。
末木文美士（2006）『思想としての仏教入門』トランスビュー。
鈴木俊隆（2011）松永太郎訳『禅マインド　ビギナーズマインド』サンガ。
鈴木大拙（1940）北川桃雄訳『禅と日本文化』岩波書店。
鈴木大拙（1968）『鈴木大拙全集　第三巻』岩波書店。
鈴木大拙（1972）『日本的霊性』岩波書店。
鈴木大拙（1987）工藤澄子訳『禅』筑摩書房。
鈴木大拙（1990）『禅問答と悟り』春秋社。

鈴木大拙（2003）『禅とは何か』角川書店。
鈴木秀子（2005）『心の対話者』文藝春秋。
曽野綾子（2009）『老いの才覚』ベストセラーズ。
竹沢尚一郎（2010）『社会とは何か』中央公論社。
武田良三（1968）『社会学の構造』前野書店。
田坂広志（1998）『"暗黙知"の経営』徳間書店。
田里亦無（1973）『道元禅入門』産業能率大学出版部。
田里亦無（1994）『禅で行きぬけ』コスモ教育出版。
舘岡康雄（2006）『利他性の経済学』新曜社。
田中義久（2009）『社会関係の理論』東京大学出版会。
塚本義隆（1970）『過去現在因果経』求竜堂。
寺田寅彦（1948）『寺田寅彦随筆集　第五巻』岩波書店。
道元，水野弥穂子校注（1990）『正法眼蔵　（一）』岩波書店。
鳥塚亮（2011）『いすみ鉄道公募社長』講談社。
中村元訳（1978）『ブッダの真理のことば　感興のことば』岩波書店。
中村元訳（1984）『ブッダのことば　スッタニパータ』岩波書店。
中山元（2006）『思考のトポス』新曜社。
那須政隆（1982）『声字実相義の解説』新勝寺成田山仏教研究所。
西谷啓治（1987）『西谷啓治著作集　第十巻』創文社。
西田幾多郎（1950）『善の研究』岩波書店。
西田幾多郎（1987）『場所・私と汝』岩波書店。
西田幾多郎（1989）『西田幾多郎哲学論集　Ⅲ』上田閑照編，岩波書店。
西田幾多郎（1947）『西田幾多郎全集　第一巻』岩波書店。
西田幾多郎（1965）『西田幾多郎全集　第九巻』岩波書店。
西田幾多郎（1966）『西田幾多郎全集　第十一巻』岩波書店。
西田幾多郎（1966）『西田幾多郎全集　第十二巻』岩波書店。
日本総合研究所編（1993）『生命論パラダイムの時代』ダイヤモンド社。
沼上幹（2009）『経営戦略の思考法　時間展開・相互作用・ダイナミクス』
　日本経済新聞出版社。
仏書刊行会（1979）『大日本仏教全書第107巻　日本往生極楽記』名著普及会。
林進編（1988）『コミュニケーション論』有斐閣。
春木豊（2002）『身体心理学』川島書店。
廣松渉・子安宣邦他編（1998）『岩波　思想・哲学事典』岩波書店。
福永光司（1997）『老子』朝日新聞社。

福島真人 (2001)『暗黙知の解剖　認知と社会のインターフェイス』金子書房。
藤原稜三 (1993)『守破離の思想』ベースボールマガジン社。
プリコジン, I. (1993)"生命論　自己組織化のパラダイム"日本総合研究所編『生命論パラダイムの時代』ダイヤモンド社。
松尾睦 (2006)『経験からの学習』同文館出版。
水野弘元 (1971)『仏教の基礎知識』春秋社。
水野弥穂子訳 (1963)『正法眼蔵随聞記』筑摩書房。
三戸公 (2002)『管理とは何か―テーラー，フォレット，バーナード，ドラッカーを超えて―』文眞堂。
本川達雄 (2011)『生物学的文明論』新潮社。
森本三男 (1998)『第2版　現代経営組織論』学文社。
山城章 (1985)"経営の日本的実践理念"『経営教育年報』第4号，6-17ページ。
山口昌哉 (1986)『カオスとフラクタクル』講談社。
山本誠作 (1991)『ホワイトヘッドと現代　有機体的世界観の構想』法藏館。
山本安次郎・加藤勝康 (1997)『経営発展論』文眞堂。
柳宗悦 (1985)『手仕事の日本』岩波書店。
湯浅泰雄 (1990)『身体論』講談社。
和辻哲郎・古川哲史 (1940)『葉隠　上』岩波書店。
和辻哲郎 (1962)『和辻哲郎全集　第三巻』岩波書店。

索　引

あ　行

相手の立場に立つ　125
アクションリサーチ　13
遊び　62, 119, 142
新しい科学　44
あること(being)　176
安位　82
"and"の思考　170
暗黙知　66, 67, 133
生きる　192
意識変容学習　78
異質の関係　11
意志の力　193
一如　182, 184
一所懸命　89
イノベーション　178
意味論的側面　67
エコロジカル・フットプリント　28
演繹法　20
演奏　61, 157
"or"の思考　170
オートポイエーシス　8
織りなされた　56
織る　43
音楽　60

か　行

解釈主義アプローチ　112, 113
外転法　26
快楽　141
会話　117, 118
　―的　124
カオス　143
　――の縁　178
科学的管理法　30
学習　53, 78, 79, 86, 173, 186, 191, 209
　―のための学習　177
　―するコミュニティ　110
　―の復讐　37
　―破棄　178
楽習　192, 201
化石化　37
形
　―を変えていく　119
　―を作っていく　119
合奏　61, 95, 97, 199
活力ある経営　14
過程　17, 119
過程学派　146, 147
奏でる　60, 98, 157
可能性　65, 202
関係性　32, 43, 57, 59, 60, 94, 99, 130, 156, 158, 168, 189, 192, 202
観世音菩薩　136
管理過程論　30
機械的分業　23
機械論的組織　147
機能主義アプローチ　112, 113
機能的側面　67
帰納法　19
共時態　11
共振　139, 156, 159, 173, 193, 209
競争　46
協奏　62
　―する組織　101, 119
協働　46, 58, 60
協働体系　58
協働体系論　4
協内省　104, 109, 164, 166, 189, 191, 200
共鳴　53
共有　28

議論　115
近代社会　18
近代組織論　47
空間　9, 10, 52, 56, 61, 67, 70
草の根型　187
繰り返す　201
敬意　201
経営戦略論　146
経営の本質的課題　14
経営理念　167, 173, 194
経験　77
　—学習　78
経済人モデル　31
経済性の追求　3
形態生成　55
傾聴　120, 125, 157
謙虚さ　89, 92
現実態　64
現象的側面　67
現成公案（げんじょうこうあん）
　73, 182
行為
　—の後の内省　101
　—の中の内省　78, 101
好奇心　87, 88, 130
交渉　115
交織　55
合生　197
合理性追求の限界　208
心の壁　191
個人　7
後成的
　—景観　8
　—思考　208
固定観念　106, 122
古典的経営管理論　31
古典的な科学　43
コミュニケーション　115
　—研究　112
コミュニティ　209
コモンズの悲劇　45

さ 行

再意味化　168
差異化　143, 184
サグラダ・ファミリア　72
悟り　70, 71, 100, 179
参画　59, 84
　—意識　191
止観　123, 136
時間　10, 52, 56, 61, 67, 70
試行錯誤　76, 133, 142, 149, 150,
　155, 167, 186, 201
至高の工作者　55
自己実現人モデル　32
自己実現の創造性　138
自己組織化　166, 174, 194
自己多様性　93, 193
自己超越体　197
自己同一性　93, 193
自己否定　99
自己満足　36, 39
自然体　158
自他不二　160, 201
実践の認識論　78
質問　127, 130, 204
　—力　127
自分軸　92
四門出遊　69
社会人モデル　31
ジャズ　117
集合知　36, 160
主客一体　82, 199
主体　6, 7, 19, 55, 130, 133, 153, 197,
　209
手段　49, 50
守破離　117
純粋経験　135
消費　28
正法眼蔵　73, 85, 96, 182
触媒　140
初心　35, 82

索引 235

所有　208
人格的自己限定　99
人間（じんかん）　9, 11, 19, 52, 56, 67, 70
心身二元論　85
身体　61, 62, 198
　─心理学　74
　─性　5
振動　61, 139
真の失敗　155, 200
真の対話　116
真理の所有者　207
性格学的なものこと　176
成果主義　22, 25, 44
精神的成熟　191
生成　93
生生流転　16
成長　177
生物の本質　22
生命　8, 9, 151, 160, 176, 178, 199, 208
　─活動　4, 155
　─的躍動感　1, 51, 61, 133, 191, 196, 198, 201, 203, 209
シングルループ学習　177
切磋琢磨　202
　─の場　191
絶対矛盾的自己同一　15, 72, 82, 99, 208
セルフマネジメント　91
禅　1, 35, 71, 154, 179, 185
全機現　180
全身全霊　181
先入見　91, 106, 122, 125
専門家意識　34
戦略　143, 151
　─クラフティング論　149
　─における学習　149
　─による学習　150
相互依存的　153
相互作用　1, 51, 63, 94, 103, 112, 139, 140, 150, 175, 200
操作意識　42
創造　42, 61, 99, 138, 139, 142, 152, 155, 200, 209
　─性　88, 98, 113, 137, 149, 152
　─的な主体　139
創発戦略　147
相補的　157
遡及法　26
即非の論理　15
組織　4, 51, 56, 57, 97, 137, 153, 159, 174, 209
　──ぐるみの創造　139, 155
　──の壁　165
　──の要素　47, 59
組織化　48
　─された行動　166
組織学習　191, 192
組織観　57
即興　5, 156, 160, 166
　─演劇者の心得　157
　─演奏　98
存在　90, 134
　─的にもつこと　176
存在論的側面　68
尊重する　121

た 行

ダイアローグ・イン・ザ・ダーク　75
大乗的菩薩道　118
対決　159
対話　116
妥協　40
他人軸　92
楽しさ　62, 140, 141, 173, 182, 186, 192
ダブルループ学習　177
智慧　5, 19, 85, 179
知識　63, 85, 186
中道　15, 198

超越　99
調和　157, 199
通時態　11
次なる常識　43
伝統　152
伝統的経営管理論　57
伝統的組織の原理　3
統合　117
　―化　184
同質の関係　11
当事者意識　169, 187, 189, 191, 204
動的な安定　93, 198
東洋における身体論　85
討論　115
得意技　95, 164
独自性　199
独奏　61, 95, 199
特別な才能の創造性　138
トップダウンアプローチ　172

な 行

内省　76, 79, 86, 92, 129, 164, 186, 194, 198, 200, 201, 204
　―の対象　106
内省的思考　83
　―態度　77, 86
内省的実践人　78, 101
内容学派　146
仲間　194
　―意識　190
何者になるか　209
ニュートン力学　21
認識　63, 64, 66, 79, 81, 124
　―力　2, 65, 70, 78

は 行

バックル　10
発信力　92
発展　177
反証　207
美学　141

批判的内省　78
響き　61, 62, 97
　―合い　139
　―合う　175
日日是好日　186
表面上の合意　40, 43
開いた心　88
フィードバック　131, 173
複雑　43
複雑人モデル　32
不即不離　194
物質文明　26
ブリコラージュ　150
ブリコラルール　150
不立文字　125
古い常識　43
ブレインストーミング　127
ブレンド　174
フロー理論　140, 182
弁証法　15
　―的　196
分析型戦略論　146
変態　17, 93, 99, 152
包摂　17, 99, 185, 199
方法論　13
没頭，没入　61, 140, 141, 142, 156, 179, 182, 183, 186
保留　123

ま 行

間　9
正宗　94
マネジメント　108, 140
ミドルアウト　174
無から有を生じる創造　138
矛盾　71, 72, 99, 118, 196, 203
目に見えないもの　3
メッシュビジネス　26
目的　49, 50, 53
もつこと　176
物語の力　169

索 引　237

や　行

有から有を生み出す創造　138
遊戯三昧　194
有機体の哲学　1, 7, 198
有機的分業　23, 54, 200
ユーモア　164
要素還元主義的機械論　22, 26, 68
抑圧　40

ら　行

闌位　82
リーダーシップ　187, 191
リーダーになる　192
離見の見　82
利行　201
リズム　160
理想的な組織　93
リゾーム　143
両面価値　55
臨機応変　163
臨床的　19
冷暖自知　18, 202
老婆心　201

わ　行

わからないこと　36

著者紹介

小森谷　浩志（こもりや　ひろし）

神奈川大学大学院経営学研究科博士課程修了博士　経営学

株式会社 ENSOU 代表取締役
一般社団法人ソーシャルユニバーシティ理事

1988年ニッカウヰスキー㈱入社。営業スタイルを革新しながら，常にトップの業績を残すとともに，営業チームの育成にも力を発揮。2001年アサヒビール㈱のコンサルティング会社の設立に参画。約400社のコンサルティング実績を持つとともに，コンサルタント育成体制を構築する。2010年株式会社 ENSOU を設立。東洋思想とプロセス哲学，ポジティブ心理学に立脚した"協奏する組織論"を提唱，実践に取り組んでいる。特にミドルマネジャーを中核とした本質的な組織開発を専門とする。

所属学会　日本経営診断学会，日本マネジメント学会，経営情報学会，日本情報経営学会，戦略研究学会。

主要著書　『「フロー理論型」マネジメント戦略』芙蓉書房，
　　　　　『ヒトがいきる経営』（共著）学文社
主要論文　「不透明な時代のリーダーシップ開発—"楽習"する人と組織をめざして」
　　　　　『経営教育研究　第14巻第1号』他

協奏する組織　―認識力ある主体の観点から

2012年9月25日　第1版第1刷発行

著　者　　小森谷　浩志

発行者　田中　千津子
発行所　株式会社　学文社

〒153-0064　東京都目黒区下目黒3-6-1
電話　03（3715）1501 ㈹
FAX 03（3715）2012
http://www.gakubunsha.com

印刷所　新灯印刷

© Hiroshi Komoriya 2012
乱丁・落丁の場合は本社でお取替えします。
定価は売上カード，カバーに表示。

ISBN978-4-7620-2314-9